STERNSTUNDEN DES SPORTS

STERNSTUNDEN DES SPORTS

Boxen

Tom Bender und Ulrich Kühne-Hellmessen (Hrsg.)

Gastautor: Axel Schulz

Mit Beiträgen von Mathias Neumann und Tobias Drews

Fotos von dpa Sportreport

Sportverlag Berlin

Titelkonzeption: B & K pro media, Hamburg
Inhaltliche Konzeption: Mathias Neumann
Redaktionelle Mitarbeit: Claudia Hain
Lektorat und Bildredaktion: Harro Schweizer, Berlin
Umschlaggestaltung: Volkmar Schwengle, Buch und Werbung, Berlin, unter Verwendung eines Fotos von dpa Sportreport
Zusatzfotos: Ullstein Bild, Corbis/Bettmann/Picture Press, Archive des Sportverlags Berlin und der Autoren
Sponsoring: DMC Sport, Hamburg
Layout und Herstellung: Prill Partners | producing, Berlin
Repro-Arbeiten: Mandfred Schürmann, Müncheberg; tiff.any, Digitale Medienproduktions und -service GmbH, Berlin
Druck und Bindung: Westermann Druck Zwickau GmbH

Printed in Germany 2001

ISBN 3-328-00935-3

Dank des Teams an: Susanne Aigner, Silke Brem, Siegfried Daut, Alfred Draxler, George Foreman, Toni Ganselmayr, Evander Holyfield, Klaus-Peter Kohl, Anja Neumann, Michael Pfad, Steffi Riedel, Axel Schulz

Inhalt

AXEL SCHULZ

Boxen – eine Metapher für das Leben

Um das Boxen und seine Protagonisten zu verstehen oder zumindest den Versuch dafür zu unternehmen, muss man sich in die Gefühlswelt der Sportler hineindenken. Was sie durchgemacht haben, wie sehr sie sich in der Vorbereitung gequält haben und was ihnen auf dem Weg in den Ring durch den Kopf geht.

Es gibt die alte Weisheit, dass man im Ring der einsamste Mensch ist. Da ist viel Wahres dran, doch hat diese Einsamkeit auch etwas mit der Einschätzung sich selbst gegenüber zu tun. Man spielt Fußball, aber man spielt kein Boxen. Die Auseinandersetzung ist sportlich, aber für viele Boxer weltweit auch existenziell. Da geht es um die oftmals einzige Möglichkeit, den sozialen Stand zu verbessern und das nötige Geld zu verdienen, um die ganze Familie durchzubringen.

Viele vergleichen das Boxen mit der Kunst. Boxen ist eine Sportart, die auf jedem Kontinent verbreitet ist und in der sich jede gesellschaftliche Schicht wiederfindet. Es ist der Sport der kleinen Leute, der die Intellektuellen von Beginn an fasziniert hat und veranlasste, darüber zu schreiben.

Boxen sei eine Metapher für das Leben. Auch im allgemeinen Sprachgebrauch findet sich so einiges davon wieder. Wenn man schlapp ist, fühlt man sich »k.o.«, wenn man eine Sache nicht bis zum Ende verfolgen will, »wirft man das Handtuch«. Manche Ereignisse gehen »in die nächste Runde« und jeder muss sich in seinem ganz privaten Leben von Zeit zu Zeit mal »durchboxen«.

Egal, welche Kunstform da letztlich gemeint ist, dieser Vergleich macht Sinn. Denn man kann seinem Gegner oder dem Publikum vielleicht einige Zeit etwas vormachen, sich selbst jedoch nicht.

»Boxer sprechen frei von der Leber weg«, schreibt Martine Barrat in dem 1991 erschienen Foto-Essay *Die Boxer*: »Sie sind geradeheraus, sehen einem in die Augen. Ihr Sport ist der einzige, bei dem die Gegner einander in die Augen sehen.« Eine Ehrlichkeit, die Millionen Fans weltweit fasziniert.

In der Kabine vor dem Kampf beginnen die Rituale. Man bekommt die Hände getaped, damit man sich die wichtigsten Werkzeuge nicht verletzt. Dieses »Verbinden« ist eine Wissenschaft für sich und keineswegs in wenigen Minuten abgeschlossen. Es gibt Boxer und Trainer, die diesen Vorgang förmlich zelebrieren und sich durchaus eine halbe Stunde Zeit hierfür nehmen.

Dann kommt das Aufwärmen, die Lichter gehen an, das Adrenalin pumpt in den Adern. Die Musik wird eingespielt und man bewegt sich zum Ring. Der eine langsam, der andere schneller, aber alle wollen sehnsüchtig, dass es endlich losgeht. Nichts ist schlimmer als das Warten auf den ersten Gong. Wenn der erklingt, ist auch die größte Nervosität erst einmal verflogen. Man steht unter den Scheinwerfern und fixiert den Gegner. Und die Zuschauer in der Halle und an den Fernsehern warten auf die harten Treffer und hoffen auf einen spektakulären Fight.

Dabei muss man auf vieles achten: auf das eigene Konzept, auf die Aktionen des Gegners, auf die Kommandos des Ringrichters. Und dann gibt es die vielen gut gemeinten Ratschläge: die von Trainern und Betreuern, aber auch Rufe von Fans. Man hört nicht alles davon. Aber die wichtigsten Stimmen hört man immer heraus, egal wie laut es auch um einen ist.

Doch der eigentliche Kampf beginnt nicht erst im Ring, sondern bereits viel früher. Bei den Pressekonferenzen kommt es zum ersten Kontakt mit dem Gegner, man fixiert sich, will sich keine psychologische Blöße geben, will Selbstsicherheit vermitteln, will im Kopf des Gegners etwas in Gang setzen.

Spätestens am Nachmittag vor dem Duell sieht man seinen Gegner noch einmal beim offiziellen Wiegen und von da an entwickelt

Das ist Axel Schulz
**Geboren am 9. November 1968 in Bad Saarow, 100 Kilogramm, 190 Zentimeter, ledig.
Ausbildung: Kinder- und Jugendsportschule in Frankfurt/Oder, Elektromechaniker im Halbleiterwerk Frankfurt/Oder, Mitglied der NVA im Rang eines Feldwebels.
Beruf: Moderator bei Premiere World, Inhaber des Bekleidungsgeschäfts »Axel Schulz Store«, »Mens Fashion Piont«.
Stationen: BSG Gaselan Fürstenwalde (1980–82), ASK Vorwärts Frankfurt/Oder (1982–90)
Erfolge: Junioren-Europameister 1986, DDR-Amateurmeister 1988, EM-Silber 1989, WM-Dritter 1989, Deutscher Meister 1992, WM-Niederlagen gegen George Foreman 1995, gegen François Botha 1995 und gegen Michael Moorer 1996, K.o. gegen Wladimir Klitschko um den EM-Titel 1999.
Bilanz: 98 Amateur-Kämpfe, 78 Siege. 31 Profi-Kämpfe, 26 Siege**

Begegnung der Generationen 1995. Max Schmeling zeigt Axel Schulz, worauf er in seinem bevorstehenden Kampf gegen George Foreman achten muss

Schattenboxer Schulz mit eigenem Konterfei auf der Brust während seiner Vorbereitungen auf den Kampf gegen Frans Botha

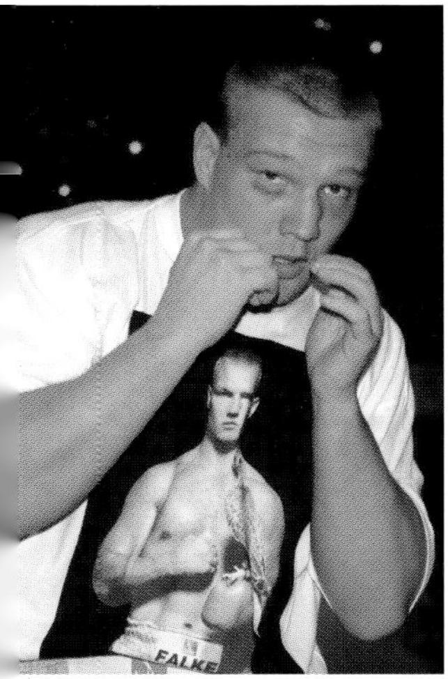

sich eine enorme Anspannung. Die Gedanken sind nur noch beim Kampf. Man hat noch eine Nacht vor sich, aber schon jetzt beginnt der längste Tag deines Lebens. Und das wiederholt sich immer wieder – vor jedem großen Kampf.

Die so genannten Psychospielchen fallen immer unterschiedlich aus. Keiner hat die Kunst der Psychologie so perfekt beherrscht wie Muhammad Ali. Man kann Kämpfe gewinnen, ohne einen einzigen Schlag zu landen. Allein durch die Aura, die einen umgibt. So wie es Gegner von Mike Tyson gab, die umfielen, ohne das man einen Schlag, geschweige denn einen Treffer gesehen hatte. Die Nerven können lähmen. Und Ali hat trotz seiner Krankheit diese Aura bis heute, wie ich vor ein paar Jahren beim Kampf Tyson gegen Botha feststellen konnte, als ich Ali erstmals traf.

Es liegt in der Natur der Sache, dass man einen Boxer mit einem anderen aus der Historie vergleicht und immer wieder die Frage stellt, wie ein Boxer aus den dreißiger Jahren gegen einen Champion von heute ausgesehen hätte. Die Diskussion über sportliche Enkel ist überflüssig. Kann man einen Axel Schulz mit einem Max Schmeling vergleichen? Wohl kaum. Auch wenn unsere Geburts-

orte nur wenige Kilometer auseinander liegen – Schmeling wurde in Klein-Luckow geboren, ich in Bad Saarow –, trennt uns zeitlich wie sportlich die Kleinigkeit eines halben Jahrhunderts.

Dennoch war Schmeling in meiner Kindheit und Jugend zu Hause immer ein Thema und ist bis heute in ganz Deutschland ein riesiges Idol, dessen Leistungen weit über den Ring hinausgehen. Die größte Herausforderung liegt immer darin, in der jeweiligen Zeit, in der man aktiv ist, mit den Umständen klarzukommen und das Maximale aus sich herauszuholen, um sich an der Spitze zu etablieren.

Kleines Erinnerungsstück an einen großen Kampf (Archiv)

Jedes Jahr finden sich Boxer in den Ranglisten der bestverdienenden Sportler weltweit. Eine Handvoll guter Champions verdient außergewöhnlich gut, aber die Mehrheit kämpft dabei buchstäblich ums Überleben. Insgesamt sind ungefähr 5000 Profi-Boxer weltweit lizensiert, das macht etwa 300 Boxer in jeder der 17 Gewichtklassen. Nur die Allerwenigsten schaffen es nach ganz vorne ins Rampenlicht.

Das Boxen hat seine eigenen Gesetze. Wer verliert, ist schnell weg vom Fenster. Wer k.o. geht, wird zukünftig immer Probleme damit haben. In anderen Sportarten ist es leichter, Niederlagen wegzustecken. Man kann mehrere Formel-1-Rennen verlieren und

Besuch beim »Größten«. Axel Schulz darf auch mal Hand anlegen und fühlt dabei die ganze Boxgeschichte

Volle Konzentration und Energie – eine Studie aus dem Kampf gegen George Foreman

trotzdem am Ende Weltmeister sein. Oder sich in der Fußballmeisterschaft trotz einer Reihe von Niederlagen für die Champions League qualifizieren. Im Boxen geht es einfach eine ganze Ecke härter zu, dennoch gibt es eigentlich unter uns Fightern selber kaum echte Antipathien.

So hege ich zum Beispiel überhaupt keinen Groll gegen George Foreman, obwohl ich mich im Kampf gegen ihn verschaukelt gefühlt hatte. Das Boxen lebt von seinen Protagonisten, ihren immensen Fähigkeiten und unverwechselbaren Charakteren. Und wenn ein Boxkampf hin- und herwogt, wenn man den Eindruck hat, dass beide Kämpfer jederzeit siegen oder verlieren könnten, beide mehrfach kurz vor dem K.o. stehen, aber zurückkommen und ihrerseits die Initiative ergreifen, dann übt das eine Faszination auf den Betrachter aus, der man sich nicht entziehen kann und die einem Momente großer emotionaler Intensität beschert, die man nie mehr vergessen wird.

Kommen Sie in diesem Buch mit mir auf die Reise durch meinen faszinierenden Sport und erleben Sie seine wahren Sternstunden.

Der lange Weg zum Ruhm

William Harrison Dempsey wurde am 24. Juni 1895 in Manassa im US-Bundesstaat Colorado geboren. Mit insgesamt elf Kindern wurde die Familie nie richtig sesshaft, da der Vater als Lehrer keine feste Anstellung fand und immer in der Hoffnung auf einen lukrativeren Job in verschiedene Städte zog. Mit sechzehn Jahren hatte Jack Dempsey keine Lust mehr auf diese Art von Leben und auf die Schule und riss von zu Hause aus.

In den folgenden fünf Jahren lebte er von diversen Tätigkeiten, nicht alle waren legal. Er bettelte um Essen, belud Lastwagen und Schiffe und verprügelte andere für einige Dollar. Bei diesen wilden Kämpfen in dunklen Hinterhöfen oder Kellerräumen erarbeitete er sich eine Reputation als gefährlicher und willensstarker Boxer, den auch unsaubere Taktiken nicht aus dem Konzept brachten. Dempsey gewann die meisten Kämpfe, doch eine schlimme K.o.-Niederlage in nur einer Runde im Februar 1917 gegen »Fireman« Jim Flynn beendete die großen Träume vom schnellen Geld und süßen Leben vorerst.

Umstrittene Szene aus dem WM-Kampf zwischen Weltmeister Gene Tunney (r.) und Herausforderer Jack Dempsey am 22. September 1927 in Chicago. Tunney geht nach einem Schlag von Dempsey zu Boden. Der Ringrichter wartet mit dem Anzählen, bis Dempsey in der neutralen Ecke ist. So verstreichen Sekunden, die Tunney helfen, den Kampf fortzusetzen

Das Schicksal führte Dempsey und den Manager Jack »Doc« Kearns zusammen, der die großen Perspektiven des jungen Dempsey erkannte und ihn unter Vertrag nahm. Dempsey und Kearns – diese Ehe sollte das berühmt-berüchtigte Boxer-Manager-Gespann der kommenden Jahrzehnte werden.

Unter der Führung von Kearns kam der Erfolg zurück, und die Niederlage gegen Flynn wurde durch einen K.o. in der ersten Runde korrigiert, der Riese Fred Fulton wurde in nur 23 Sekunden aus

dem Ring gefegt. Auch der gefürchtete Jack Moran hielt keine volle Runde durch, und für den amtierenden Halbschwergewichts-Titelträger Battling Levinsky benötigte Dempsey drei, für den Veteranen Gunboat Smith nur zwei Runden.

Mit 23 Jahren war Dempsey ganz oben auf der sportlichen Leiter. Es fehlte nur noch der entscheidende Schritt und das war der Kampf um die Weltmeisterschaft im Schwergewicht gegen Titelträger Jess Willard.

Am 4. Juli 1919 war es dann soweit, und Dempsey forderte den Champion Willard in der Park View Arena in Toledo (US-Bundesstaat Ohio) heraus. Willard hatte seinen Titel seit mehr als drei Jahren nicht mehr verteidigt. Der Veranstalter Tex Rickard musste auf Drängen von Kearns eine Garantiebörse von 100 000 US-Dollar versprechen, um Willard in den Ring zu locken.

Unterschiedlicher hätten die beiden Boxer kaum sein können: Dempsey mit 1,83 Meter Körpergröße und einem Kampfgewicht von knapp 85 Kilogramm gegen den 1,98 Meter großen und 111 Kilogramm schweren Titelträger.

Dempsey fackelte nicht lange, schlug Willard in der ersten Runde siebenmal zu Boden, brach ihm den Unterkiefer und schlug ihm gar sechs Zähne aus. Er wurde Sieger durch technischen K.o. in Runde drei und damit neuer Weltmeister im Schwergewicht. Die Umstände und der überzeugende Kampf waren ein prächtiger Start für eine lange Regentschaft Dempseys. Doch noch bevor Dempsey seinen Titel verteidigen konnte, nahm sein Image in der amerikanischen Bevölkerung bösen Schaden.

Denn Dempsey hatte den Wehrdienst für den Ersten Weltkrieg verweigert und familiäre Umstände dafür angeführt. Gegen Ende des Krieges wurde Dempsey jedoch angeklagt, sich durch Falschaussagen hier Vorteile verschafft zu haben. Als Hauptzeuge sagte seine Ex-Ehefrau Maxine aus. Im Juni 1920 wurde Dempsey zwar vor Gericht von den Vorwürfen freigesprochen, doch für viele US-Bürger war er für die nächste Zeit der »Kriegsdienstverweigerer«.

Dempsey versuchte zu retten, was zu retten war, und erklärte: »Ich kämpfe meine Kriege ausschließlich im Ring.« Doch dort fehlten die ebenbürtigen Gegner, waren die Kämpfe gegen Billy Miske und Bill Brennan doch eher nur Routine. Dann gelang dem Management ein Meisterstück, denn als Gegner wurde der französische Halbschwergewichts-Weltmeister Georges Carpentier verpflichtet. Dieser brachte vor allem zwei Dinge mit in den Ring – einen Titel und zum anderen, was viel wichtiger war, eine Vergangenheit als Soldat für sein Land.

»Der Kriegsheld gegen den Verweigerer« – die PR-Maschinerie lief auf Hochtouren und schraubte die Einnahmen auf eine Rekordhöhe. Der Kampf in Jersey City erbrachte über 1,7 Millionen Dollar und war somit der erste Fight in der Geschichte, der mehr als eine Million Dollar in die Kassen spülte. Das Zählen des Geldes dauerte um ein Vielfaches länger als der Kampf, den Dempsey in der vierten Runde gewann. Zwar erreichten auch die kommenden Kämpfe aus den Eintrittskarten jeweils Einnahmen von über einer Million Dollar, doch verlagerte sich der Fokus wieder mehr auf den Sport.

Die fünfte Titelverteidigung am 14. September 1923 in den New Yorker Polo Grounds gegen den »Stier aus der Pampa« war an Dra-

Jack Dempsey schickt Luis Firpo auf die Bretter. Am Ende bleibt er Weltmeister im Schwergewicht, auch wenn er selbst zwischenzeitlich aus dem Ring geflogen war und angezählt werden musste (Archiv)

matik kaum zu überbieten. Luis Angel Firpo hatte in seiner Heimat 74 Kämpfe in Folge gewonnen und boxte einen ähnlichen Stil wie Dempsey, der aggressiv und auf die Zerstörung des Gegners ausgerichtet war.

Über 82 000 Zuschauer wollten bei diesem Kampf dabei sein. Hatte der Weltmeister sein Blatt überreizt? Zu Beginn sah alles wie immer aus, Dempsey schickte den argentinischen Meister Luis Angel Firpo bereits in der ersten Runde siebenmal zu Boden. Doch dann kam die Überraschung, denn Firpo feuerte die Rechte ab, erwischte Dempsey, und der flog durch die Ringseile und landete auf der Schreibmaschine eines völlig entsetzten New Yorker Zeitungsreporters. Dempsey wurde noch benommen wieder zurück in den Ring geschoben, schüttelte sich dort und stand bei »Neun« auf wackeligen Beinen.

Der Gong kam, Dempsey erholte sich in der Rundenpause und schlug mit neuer Kraft seinen Gegner in der zweiten Runde k.o. Doch das Foto, das schemenhaft einen aus dem Ring geschlagenen Dempsey zeigt, wurde der Schnappschuss des Jahrzehnts. In einer Umfrage unter Sportjournalisten wurde dieser Kampf zum dramatischsten Sportereignis der ersten fünfzig Jahre des vergangenen Jahrhunderts gewählt.

Der Weltmeister hatte seinen Titel verteidigt, legte aber eine dreijährige Pause ein. Er heiratete die Schauspielerin Estelle Taylor und ließ es sich in der gehobenen Gesellschaft gut gehen. »Ich hatte nur zweimal im Leben weiche Knie. Im Kampf gegen Firpo und als ich Estelle kennen lernte«, stellte Dempsey auch seinen Charakter als romantischer Gentleman unter Beweis. Das Paar verkörperte die »Roaring Twenties« und bereiste die Welt.

Dempsey boxte mehrere Schaukämpfe, unter anderem auch in Deutschland gegen den jungen und unbekannten Max Schmeling. Nach zwei Sparringsrunden bescheinigte Dempsey dem Deutschen großes Talent und sagte: »Sie sind der kommende Weltmeister.« Später, als Schmeling seinerseits Weltmeister wurde und die beiden sich wiedersahen, klärte Dempsey ihn auf: »Das habe ich damals zu jedem gesagt.«

Jack Dempsey, Mitte der zwanziger Jahre (Archiv)

Erst 1926 kehrte Dempsey in den Ring zurück und verlor gegen den aus dem Halbschwergewicht aufgestiegenen Gene Tunney. Der Rückkampf kam ein Jahr später zustande und erzielte über zwei Millionen Dollar Einnahmen. Über 100 000 Zuschauer in Chicago erlebten den Kampf, der als »Battle of the long count« (»Duell des langsamen Anzählens«) in den Geschichtsbüchern des Boxsports verzeichnet ist. In der siebten Runde schlug Dempsey eine Rechte zum Körper und zog direkt einen linken Haken zum Kinn hinterher. Tunney ging schwer getroffen zu Boden, doch der Ringrichter Dave Berry begann nicht mit dem Anzählen. Er forderte Dempsey auf, in die neutrale Ecke zu gehen, eine Regel, die zwar im US-Bundesstaat Illinois Bestand hatte, aber in weiten Teilen der USA nicht ausgeführt wurde. So verstrichen mindestens vier Sekunden, ehe Barry zu zählen begann. Wertvolle Sekunden, die Tunney halfen, wieder einen klaren Kopf zu bekommen und den Kampf fortzuführen.

Dieses »langsame Zählen« des Ringrichters wurde noch Jahre später heftig diskutiert. »Neun und vier sind dreizehn Sekunden, damit war er mindestens drei Sekunden k.o.«, rechnete Dempsey hoch. Doch Tunney konterte: »Ich war absolut klar im Kopf, bin nur so lange wie möglich am Boden geblieben, um mich zu erholen.«

Damals wurde der Kampf direkt fortgesetzt, wenn der Boxer wieder auf den Beinen war. Egal, ob das acht oder nur zwei Sekunden dauerte. Heutzutage wird immer bis »acht« weitergezählt, auch wenn der getroffene Boxer bereits nach drei Sekunden weiterboxen könnte.

Im Februar 1928 erklärte Jack Dempsey im Alter von 32 Jahren finanziell gut abgesichert seinen Rücktritt. Bereits 1929 verlor er jedoch drei Millionen Dollar beim Börsencrash und kämpfte doch wieder. Allerdings bestritt er keine offiziellen Kämpfe mehr, sondern ließ sich Auftritte in Showkämpfen gut bezahlen. Er arbeitete auch als Ringrichter in verschiedenen Titelkämpfen. Später eröffnete er ein populäres Restaurant am New Yorker Times Square, heiratete noch zweimal und genoss sein Leben. Dempsey, der personifizierte amerikanische Traum, starb am 31. Mai 1983.

Späte Popularität

**Trotz aller Erfolge wurde die amerikanische Öffentlichkeit mit ihrem Schwergewichtsweltmeister nicht so recht warm.
»Die normalen Champions werden beim Klang des Gongs hellwach, aber für Dempsey und sein Team zählt nur ein anderer Klang: der seiner Registrierkasse«, beschwerte sich Nat Fleischer, ein damals einflussreicher Box-Journalist, im Namen seiner Landsleute.
Erst nach dem Ende seiner Karriere wurde Dempsey populärer.**

HEAVYWEIGHT CHAMPIONSHIP NUMBER
25 CENTS
JULY
The RING
SCHMELING · · LOUIS
32 YRS. AGE 23 YRS.
195 LB. WGT. 202 LB.
6 FT. 1 IN. HGT. 6 FT. 2 IN.
75" REACH 76"
38¾" CHEST (NORMAL) 41"
42" CHEST (EXPANDED) 44½"
17½" NECK 16½"
33" WAIST 34"
23" THIGH 22¼"
15" CALF 15½"
9½" ANKLE 10½"
15" BICEPS 14½"
12" FOREARM 12½"
8" WRIST 8"
10½" FIST 12"
F.R. Schaare

Max Schmeling vs. Joe Louis

18. Juni 1936 in New York (USA)

Ein deutsches Schwergewicht

Der junge Max Schmeling, aufgenommen 1931, damals schon Weltmeister

Ein gequält klingender Schrei zerriss die Luft des Yankee-Stadions. Er kam unüberhörbar von einem der beiden Boxer, die sich dort vor 42 088 Zuschauern ein Duell lieferten, das im wahrsten Sinne des Wortes mit einer faustdicken Überraschung endete.

Die erste schwere rechte Gerade trifft den einen Boxer. Er stolpert rückwärts, ist schwer angeschlagen, beugt aber noch kein Knie. Sein Gegenüber setzt nach. Selbst schwer gezeichnet, holt er zum entscheidenden Schlag aus. Wieder trifft die Rechte voll – jetzt gibt es kein Halten mehr. Nach diesem Treffer in der zwölften Runde erholt sich der schwer angeschlagene Mann nicht mehr. Er wird vom Ringrichter Arthur Donovan angezählt. »Eins, zwei, drei ...« Donovan hält seine Finger unmittelbar vor das Gesicht des geschlagenen Mannes. Ob er die Zahlen hört oder ob er an den Fingern erkennen kann, wieviel Zeit ihm noch bleibt?

»Sieben, acht, neun ...« Am Ring sind die Menschen längst aufgesprungen. Trainer und Betreuer rufen ihrem Mann nur einen Befehl zu: »Steh auf! Steh endlich auf!«

»... und aus!« Das war das Ende. Arthur Donovan breitete die Arme aus, kümmerte sich danach um den noch immer benommenen Boxer. Erst jetzt riss auch der Mann in der anderen Ecke die Arme zum Zeichen des Sieges nach oben, um kurz danach ebenfalls seinem Kontrahenten wieder auf die Beine zu helfen.

Titelblatt des US-Box-Magazins The Ring *aus dem Juli 1936 mit einem Bericht über die große Begegnung im Juni zuvor (Archiv)*

In Deutschland saß eine Nation vor den Radiogeräten und lauschte der Reportage aus dem fernen Amerika. Alle paar Sekunden wurde die Stimme aus dem Radio von Knacken, Rauschen und

Knistern unterbrochen. Oftmals waren nur Wortfetzen zu verstehen, aber man konnte ganz deutlich den Aufschrei vernehmen: »Aus, Aus, Aus – Schmeling schlägt Louis durch K.o.!«

In Deutschland wurde die Nacht zum Tag, eine der größten Sensationen in der Sportgeschichte war perfekt.

Doch schon damals hatte die hohe Boxpolitik ihre Finger im Spiel. Denn trotz der Niederlage gegen Schmeling erhielt Louis die Berechtigung, um den WM-Titel zu boxen, Schmeling aber wurde kurzerhand ausgebootet. Als es dann doch zum verdienten Titelkampf für Schmeling kam, war der Gegner inzwischen zu stark: Bereits in der ersten Runde gewann Joe Louis in politisch aufgeheizter Atmosphäre. Er wurde vor dem Duell vom amerikanischen Präsidenten Franklin Roosevelt eingeladen. »Beugen Sie sich mal zu mir, Joe, damit ich Ihre Muskeln fühlen kann«, sagte Roosevelt. »Joe, wir brauchen solche Muskeln wie Ihre, um Deutschland zu besiegen.«

Der Eintritt der Amerikaner in den Zweiten Weltkrieg stand unmittelbar bevor, das Duell »Schmeling gegen Louis« war zu einem Duell »Gut gegen Böse«, »Schwarz gegen Weiß« geworden und hatte längst die Dimension der rein sportlichen Auseinandersetzung verlassen.

Die beste Waffe von Joe Louis war die Schlaghärte, vor allem mit seiner rechten Hand. Er hielt den Weltmeistertitel über elf Jahre und schaffte fünfundzwanzig erfolgreiche Titelverteidigungen. Beide Rekorde haben auch heute noch Bestand.

Im Mai 1914 erblickte Joseph Louis Barrow in Alabama das Licht der Welt. Joe hatte sechs Geschwister, und als sein Vater starb, heiratete seine Mutter einen Witwer, der weitere sechs Kinder mit in die Familie brachte. Als Joe Louis zwölf Jahre alt war, zog die Familie nach Detroit. Kurz danach begann er zu boxen. Als Amateur bestritt er die meisten Kämpfe im Halbschwergewicht und erreichte einen Rekord von fünfzig Siegen und vier Niederlagen.

Die Geschäftsleute John Roxborough, Julian Black und der Trainer Jack Blackburn nahmen Louis unter ihre Fittiche. Im ersten Profijahr gewann er alle elf Kämpfe, im zweiten Jahr zehn, und er

Falsche Wette

Bis heute ist der erste Kampf zwischen Schmeling und Louis die am häufigsten verlorene Wette an deutschen Stammtischen. Denn es handelte sich keineswegs um einen Weltmeisterschaftskampf, sondern schlichtweg um einen Aufbaukampf für Louis. Erst im Rückkampf zwei Jahre später ging es um den Titel. Weltmeister aber wurde Schmeling gegen Sharkey.

bezwang ehemalige Weltmeister wie den Italiener Primo Carnera und den Amerikaner Max Baer sogar vorzeitig. Doch die Zeit war nicht leicht für einen dunkelhäutigen Schwergewichtler. Seit Jack Johnson im Jahre 1915 hatten dunkelhäutige Boxer keine Chance mehr erhalten, um die Weltmeisterschaft im Schwergewicht zu boxen.

Um Louis vor den Argusaugen der weißen und oft rassistischen Öffentlichkeit nicht ins Stolpern zu bringen, stellten Roxborough und Black folgende Regeln für Louis auf: Er sollte a) niemals ein Foto mit einer weißen Frau machen, b) niemals alleine einen Nachtklub besuchen, c) nie gegen zu schwache Gegner boxen, d) niemals Absprachen über den Kampfausgang treffen, e) niemals auf einen zu Boden gegangenen Boxer nachschlagen, f) immer nett lächeln, wenn eine Kamera in der Nähe ist und g) sauber leben und kämpfen. Weil Louis sich eng an diese Marschroute hielt, war er Mitte der dreißiger Jahre bereits ein Volksheld in den USA.

Vierte Runde: Joe Louis (r.) geht in die Knie, Max Schmeling auf dem Weg zum K.o.-Sieg in der zwölften Runde

Max Schmeling hatte zur selben Zeit schon einige Erfolge mehr in seinem Rekordbüchlein. Er begann ebenfalls als Halbschwergewichtler, wurde in diesem Gewicht Deutscher Meister und Europameister und gewann beide Gürtel auch im Schwergewicht. 1930 war der WM-Titel in dieser Gewichtsklasse schon seit zwei Jahren vakant, und Schmeling sollte nun endlich um den Gürtel gegen den 28 Jahre alten Jack Sharkey boxen. Der hatte 34 Siege und sieben Niederlagen auf seinem Konto und schlug in der vierten Runde

Das Programmheft zum Kampf am 18. Juni 1936. Deutsche Statistiker datieren den Kampf meist auf den 19. Juni – und orientieren sich dabei an der mitteleuropäischen Zeit (Archiv)

Szene aus dem Rückkampf Schmeling gegen Louis im Jahr 1938, als es um den Weltmeistertitel geht: Joe Louis (r.) revanchiert sich für seine bis dahin einzige Niederlage zwei Jahre zuvor. Ringrichter Arthur Donovan beendet den Kampf, Max Schmeling (l.) muss auch für Nazi-Deutschland Schläge einstecken (Archiv)

nachweislich tief. Der heftige Treffer landete im Unterleib von Schmeling, der nicht weiterboxen konnte und nach der Disqualifikation Sharkeys neuer Weltmeister war.

Er verteidigte den unter unglücklichen Umständen gewonnenen Titel gegen Young Stribling, der Nummer eins der Weltrangliste. Stribling hatte 224 Siege erreicht, nur neunmal verloren und keinen seiner Kämpfe vorzeitig verloren. Schmeling erteilte ihm eine Boxlektion und besiegte ihn in der fünfzehnten Runde durch K.o.

Endlich wurde ihm die verdiente Anerkennung zuteil. Den zweiten Kampf gegen Sharkey verlor Schmeling dann äußerst umstritten nach Punkten. Der Stern von Schmeling schien zu sinken, nachdem er zwei weitere Kämpfe verloren hatte und seine beste Zeit hinter sich zu haben schien. Das dachten wohl auch die Manager von Joe Louis und bereiteten einen Kampf gegen den Deutschen vor. Er hatte einen respektablen Rekord, war vor kurzem noch Weltmeister gewesen und wäre deshalb der passende Gegner für den jungen Joe Louis, um den »braunen Bomber« für den sicher geglaubten Titelkampf vorzubereiten.

Doch Schmeling war weit davon entfernt, seine Karriere schon

abgehakt zu haben. Er studierte Kämpfe von Louis und erklärte in Interviews mit amerikanischen Zeitungsreportern: »I have seen something – ich habe etwas gesehen.«

Das klang so geheimnisvoll wie unglaubwürdig. Welche Schwäche sollte Schmeling am Kampfstil von Louis gesehen haben können? Der Mann war doch so gut wie unschlagbar. Schmeling erkannte jedoch, dass Louis, sobald er die Führhand geschlagen hatte, die Faust nicht auf direktem Wege wieder zurück ans Kinn führte. Louis ließ dann die Faust immer etwas fallen, etwa auf Brusthöhe und war so für einen kurzen Moment offen für einen Konterschlag. Diesen Fehler machte Schmeling sich zu Nutzen, wartete berechnend und abgeklärt auf seine Chance und schaffte so den bedeutendsten Sieg seiner Laufbahn.

Schmeling verlor im Krieg alles und setzte seine Karriere 1947, am Tag seines 42. Geburtstages, fort. Er gewann drei Kämpfe, verlor zwei weitere und kehrte dem Ring als aktiver Sportler den Rücken. Dafür schlug er sich auf geschäftlichem Boden mit mehr als beachtlichem Erfolg.

Schmeling bekam über seine Kontakte zu Jim Farley, dem ehemaligen Vorsitzenden der New Yorker Boxbehörde, die Coca-Cola-

Die beiden einstigen Kontrahenten bei einer freundschaftlichen Begegnung im März 1961

Eintrittskarte mit Sammlerwert (Archiv)

Konzession und vertrieb fortan das beliebte Erfrischungsgetränk in Deutschland. Auch im hohen Alter fährt Schmeling beinahe täglich von seinem Haus in Hollenstedt in sein Büro nach Hamburg, um sich dort um die Arbeit zu kümmern. Er wird von deutschen Sportjournalisten zum »Sportler des Jahrhunderts« gewählt, und die amerikanischen Reporter nehmen ihn in die Box-Ruhmeshalle »Hall of Fame« auf.

Seit dem Tod seiner Frau Anny Ondra lebt Schmeling sehr zurückgezogen und nimmt nur äußerst selten an offiziellen Terminen teil, zum Beispiel bei der Einweihung der Sportarena in Berlin, die seinen Namen trägt.

Doch nicht nur im Sport hatte Schmeling die Rolle des Vorreiters. Mit seinem Lied und dem Sprechgesang »Das Herz eines Boxers«, das er für eine Filmrolle einstudieren musste, macht er ohne Probleme vielen deutschen Rappern von heute Konkurrenz.

Joe Louis verbrachte seine letzten Jahre als Türöffner und Touristenattraktion im Hotel Caesars Palace in Las Vegas. Nach einer Herzattacke starb er im Alter von 66 Jahren. Bei der Beerdigung sagte der langjährige Louis-Freund Frank Sinatra: »Es ist schön zu wissen, dass der Mann, der sich im Boxring nie schonte und ausruhte, nun auf einer weichen Wolke sitzt.«

Nicht jedoch, ohne sich vorher mit dem Rivalen von einst zu versöhnen. Louis und Schmeling besuchten sich im Laufe der Jahrzehnte einige Male gegenseitig und wurden enge Freunde.

Was für die US-Amerikaner im Juni 1936 ein Schock war, kommt drei Monate nach dem Fight im September des Jahres noch einmal auf die Titelseite von The Ring *(Archiv)*

Henry Armstrong vs. Lou Ambers

17. August 1938 in New York (USA)

Das Herz eines Boxers

Henry Armstrong, Ende der dreißiger Jahre (Archiv)

Die drei Kronen des Henry Armstrong. Er ist der erste Boxer in der Boxgeschichte, der gleichzeitig Weltmeistertitel in drei verschiedenen Gewichtsklassen hält (Ullstein Bild)

Die herausragenden Qualitäten der Legenden des Boxrings waren nicht allein Talent und Disziplin, sie hatten mit Charakter und Herz zu tun. In den entscheidenden Momenten der historischen Kämpfe ging es vor allem um die nötige Courage, Leidensfähigkeit und Durchhaltevermögen. Ein Mann, der diese Tugenden besonders verkörperte, war Henry Armstrong.

Mit bürgerlichem Namen hieß er Henry Jackson und war das elfte von fünfzehn Kindern. Die Armstrongs, indianischer und irischer Abstammung, zogen von Mississippi nach St. Louis, als Henry gerade vier Jahre alt war. Zwar vollendete er die Schule, doch nachdem sein Vater starb, musste er einen Job bei der Eisenbahn annehmen, um die Familie zu ernähren. Jeden Morgen ging Armstrong den Weg zur fünfzehn Kilometer entfernten Arbeitsstelle zu Fuß.

Eine Zeitungsschlagzeile veränderte sein Leben über Nacht. Denn über den kubanischen Boxer Kid Chocolate stand dort: »Kid Chocolate verdient 75 000 Dollar in einer halben Stunde!« Wenn man im Boxring so viel Geld verdienen konnte, dann wollte Armstrong es auch probieren. Er kündigte bei der Eisenbahngesellschaft und verkündete: »Ich komme in einem Cadillac zurück.« Es dauerte zwar eine ganze Weile, bis er sich einen Cadillac leisten konnte, aber Armstrong hielt wirklich Wort. Als Amateur gewann er 58 von 62 Kämpfen, boxte zum Teil unter den Namen Melody Jackson oder Dynamite Jackson. Nach der verpassten Olympia-Qualifikation entschied er sich für einen Wechsel zu den Berufsboxern.

Sein Profidebüt wurde allerdings ein wirkliches Desaster. Er ging

in der dritten Runde k.o., versuchte sich wieder unter falschem Namen als Amateur und setzte danach seine Profikarriere unter dem Nachnamen seines Trainers fort: Henry Armstrong.

Nacheinander hatten schon andere das Kunststück vollbracht, in mehr als nur einer Gewichtsklasse als Weltmeister geführt zu werden. Doch zeitgleich schaffte dies nur einer. Mittlerweile ist, trotz 17 Gewichtsklassen, auch keine Einstellung dieses außergewöhnlichen Rekords mehr möglich, da die Statuten der internationalen Weltverbände eine derartige Titelsammlung verhindern. Doch auch ohne besonderes Regelwerk bräuchte sich Armstrong kaum Sorgen um seinen Weltrekord zu machen, denn Boxer seines Kalibers sind nach wie vor sehr rar gesät.

Als Federgewichtler kämpfte Armstrong häufig – manchmal waren seine Kämpfe zeitlich nur wenige Tage auseinander. 1934 stufte das Expertenblatt *The Ring*, damals die »Bibel des Boxens«, Armstrong als sechstbesten Federgewichtler des Jahres ein. Der erste Titel ließ nicht allzu lange auf sich warten. Bereits 1936 holte Armstrong sich mit einem Punktsieg über Baby Arizmendi die mexikanisch-kalifornische Variante des Federgewichts-WM-Titels.

Im darauffolgenden Jahr war Armstrong unschlagbar. Er bestritt 27 Kämpfe und gewann alle, 26 davon gar vorzeitig. Einer seiner Gegner war Petey Sarron, der damals als Federgewichtsmeister anerkannt war. Die Situation mit den Weltmeistern war damals mindestens so undurchsichtig wie heutzutage mit den vielen unterschiedlichen Verbänden: Ende der dreißiger Jahre gab es zwar nur einen Weltverband, aber in den unterschiedlichen Staaten auch unterschiedlich seriös arbeitende Kommissionen. Dazu hatten einige Zeitungsreporter so viel Macht, durch ihr Lob einen Boxer zum »Weltmeister« hoch zu schreiben. Mit Sarron und Armstrong trafen jedoch die besten Federgewichtler der damaligen Zeit aufeinander. Armstrong besiegte Sarron in der sechsten Runde durch Knockout und wurde so zum unumstrittenen und anerkannten Federgewichtschampion. Nach diesem Sieg legte sich Armstrong einen besonders martialischen Spitznamen zu: »Homicide Hank«, »Henry der Totschläger«.

Wie eine Windmühle

Henry Armstrong sammelte viele Titel in seiner fünfzehnjährigen Karriere, verdiente aber nur äußerst wenig Geld. Er war ein K.o.-Artist, ein Boxer mit einem Killerpunch und dem dazugehörigen Killerinstinkt. Sein rudernder, wühlender Stil erinnerte immer etwas an große Windmühlen, aber auch seine Nehmerfähigkeiten waren ausgezeichnet. Von 181 Kämpfen gewann er 151 und davon 101 durch K.o. Hinzu kamen neun Unentschieden und 21 Niederlagen.

Das beste Jahr in Armstrongs Karriere war 1938. Er forderte im Mai den amtierenden Weltmeister im Weltergewicht Barney Ross heraus. Da Armstrong als Federgewichtler zu leicht für eine solche Herausforderung war, verlangte das Kampfgericht eine Gewichtszunahme um mindestens sechs Kilogramm. Armstrong trank in der Vorbereitung auf den Kampf viel Bier und am Kampftag mehrere Liter Wasser. »Es war meine Rettung, dass Ross kaum zum Körper und auf den Bauch schlug«, erinnerte er sich später, »sonst hätte ich wohl in den Ring gepinkelt.« Fünfzehn Runden lang führte er Ross vor, schlug ihn durch den Ring, dass sogar das hartgesottene Publikum einen Abbruch forderte. In den letzten vier Runden hielt Armstrong sich noch vornehm zurück, weil er die Schwäche des Champions nicht zu seinem Vorteil nutzen wollte.

Nur zehn Wochen später dann der nächste große Fight, denn zwei Titel waren für Armstrong noch nicht genug und das nächste Ziel war der Gürtel im Leichtgewicht. Dort hieß der Titelhalter Lou Ambers, der sein großes Idol Toni Canzoneri, für den er zu Beginn seiner Karriere noch als Sparringspartner gearbeitet hatte, in einem Titelkampf besiegt hatte.

Ambers war ein sehr cleverer und aggressiver Boxer, den eben-

Einer von 101 K.o.-Siegen – 1937 gegen Joe Brown (r.) aus Syracuse in der zweiten Runde (Ullstein Bild)

falls die finanzielle Not in den Boxring getrieben hatte. Das Restaurant seiner Familie ging pleite, und die Arbeit in einer Möbelfabrik brachte für Ambers nicht den erhofften Verdienst, um seine Familie zu ernähren. So begann er in einem Boxgym, das im Keller einer Kirche untergebracht war, zu boxen. Erst für einige Dollar pro Kampf und später dann um sehr lukrative Börsen. Der Kampf gegen Armstrong war die zweite Titelverteidigung für Ambers.

Es wurde die erwartete Ringschlacht, in der Ambers in der fünften und sechsten Runde jeweils zu Boden ging. Die wilden Schläge und Haken aus allen Richtungen von Armstrong stellten Ambers vor große Probleme, der zwar einzelne Schläge abwehren konnte, bei Kombinationen jedoch schwer getroffen wurde. Doch auch Ambers hatte seine Momente und machte sich Armstrongs Verletzungsanfälligkeit zu Nutze. Wenn Armstrong sich in den Infight schob, schlug Ambers kurze Haken als Wischer auf die Augenpartien von Armstrong. Die so vorbeirutschenden Schläge verursachten bei Armstrong durch die Reibung des harten Leders der Handschuhe so schwere Cutverletzungen an den Augen und an der Lippe, dass der Ringrichter mehrfach den Kampf abbrechen wollte. »Wenn du weiterhin so viel Blut ausspuckst, breche ich den Kampf ab«, sagte Ringrichter Billy Cavanaugh zu Armstrong.

Der ließ sich in seiner Ecke den Mundschutz herausnehmen und boxte die letzten fünf Durchgänge ohne Mundschutz, was zur damaligen Zeit noch erlaubt war. Anstatt in den Ring zu spucken, schluckte Armstrong nun sein das Gesicht herunterlaufende Blut einfach hinunter. So schaffte er es über die angesetzte Distanz von fünfzehn Runden und gewann eine knappe Punktentscheidung. Noch in seiner Kabine wurde die Verletzung am Mund mit 23 Stichen genäht. Gleichzeitig gab es für diesen Sieg den Eintrag ins goldene Geschichtsbuch des Sports: Er war der erste Boxer, der gleichzeitig Titel in drei verschiedenen Gewichtsklassen hielt.

»Homicide Hank« legte seinen Federgewichtstitel im Jahr 1938 kampflos nieder. Ein Jahr später verlor er in einem Rückkampf gegen Lou Ambers den Leichtgewichtstitel. Im Verlauf des Kampfes bekam Armstrong fünf Punkte wegen Tiefschlagens aberkannt und

Lou Ambers vor dem Weltmeisterschaftskampf gegen Henry Armstrong 1938 (Ullstein Bild)

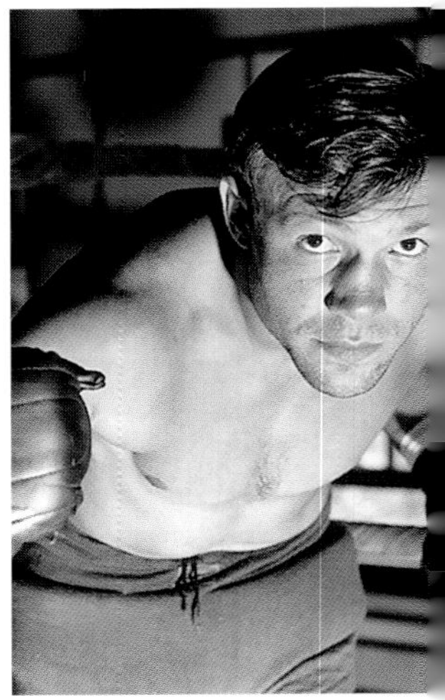

war so auf den Punktzetteln weit zurück. Ein in Aussicht gestelltes drittes Duell fand trotz mehrfacher Ankündigung nie statt.

Der Versuch, auch noch im Mittelgewicht zu Titelehren zu gelangen, scheiterte ebenfalls. Armstrong erreichte gegen den hart schlagenden Ceferino Garcia nur ein Unentschieden. Im selben Jahr verlor er auch den letzten Gürtel in seiner Sammlung. Fritzie Zivic gewann erst einen 15-Runden-Kampf nach Punkten und besiegte im Rückkampf drei Monate später Armstrong sogar vorzeitig. Wieder waren die Augen beinahe zugeschwollen und die heftig blutenden Cutverletzungen führten zum Kampfabbruch.

Doch so einfach wollte sich ein Henry Armstrong nicht geschlagen geben. Er pausierte den Rest des Jahres, um seiner Gesichtshaut eine Erholungspause zu gönnen, und kehrte dann im Juni 1942 in den Ring zurück. Innerhalb von fünf Monaten bestritt er weitere elf Kämpfe und gewann das dritte Duell mit Fritzie Zivic nach Punkten. Armstrong boxte noch bis ins Jahr 1945, verlor seinen letzten Kampf gegen den unbekannten Chester Slider und trat dann doch endlich vom aktiven Boxsport zurück.

Seinen größten Sieg feierte der Boxer allerdings erst danach. Er schaffte den Weg vom Alkoholiker zum drogenfreien Baptistenprediger. Finanziell war er am Boden, denn die vielen falschen Freunde und Berater, gepaart mit dem eigenen Desinteresse an einer sicheren Geldanlage, verhinderten, dass Armstrong sich ein Polster für die Zeit nach dem Boxen anlegen konnte. So musste sich der Boxer mit den Fäusten und dem Kämpferherz aus Gold mit Hilfsarbeiten über Wasser halten und war teilweise sogar auf Almosen angewiesen. Zuletzt lebte er mit seiner Frau Gussie von den monatlichen Überweisungen der Wohlfahrt und starb 1988 völlig verarmt in einem Elendsviertel von Los Angeles.

Lou Ambers hingegen, der mit bürgerlichem Namen Luigi D´Ambrosio hieß, steckte sein Geld nach genau einhundert Kämpfen (86 Siege, 8 Niederlagen, 6 Unentschieden) in ein florierendes Restaurant mit italienischen Spezialitäten und kümmerte sich bis zu seinem Tod im April 1995 um die Entwicklung von Werbestrategien für verschiedene öffentliche Projekte.

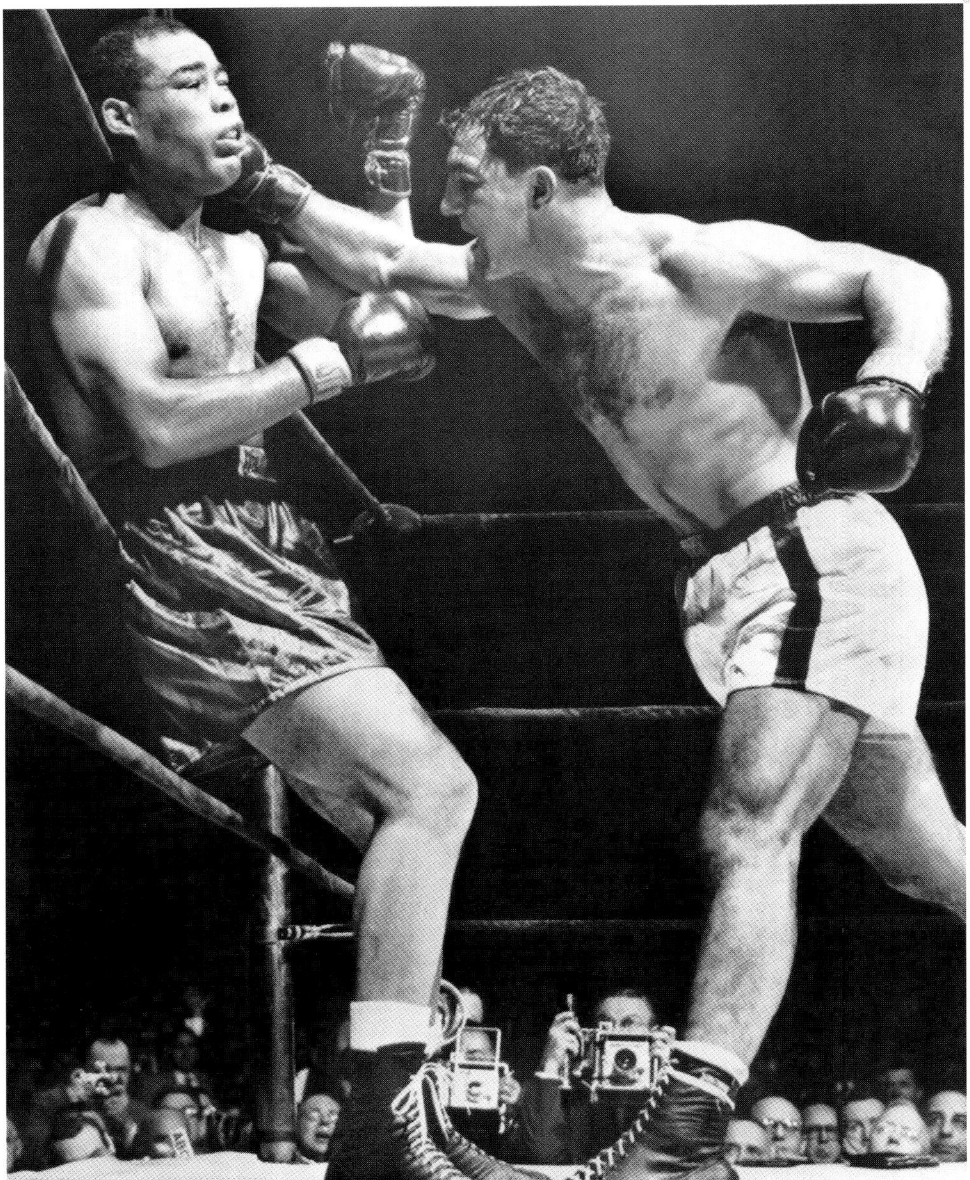

Der ungeschlagene Weltmeister

Dass der kleine Rocco Marchegiano irgendwann einmal als strahlender Weltmeister im Schwergewicht umjubelt werden würde, war ihm als Kind kaum anzusehen. Seine Eltern waren Immigranten aus Italien in der zweiten Generation. Was zumindest für den Heranwachsenden, mit nur recht kurzen Armen und Beinen gesegnet, die deutlich sichtbare Folge hatte, die gute italienische Küche seiner Mutter in vollen Zügen genießen zu können. Übergewichtig und regelrecht kurzatmig stapfte er durch die Straßen seines Heimatortes Brockton im US-Bundesstaat Massachusetts und bekam schon bei kleinsten sportlichen Betätigungen Schweißausbrüche.

Fast ein Segen war der eintretende Wachstumsschub als Teenager, denn sein Erscheinungsbild begann sich völlig zu verändern. Nun zog es ihn auch zum Sport, der schnell zur Sucht wurde und von Marchegiano manchmal bis zur totalen Erschöpfung betrieben wurde. Nachdem er stundenlang im Sportpark gegenüber dem Wohnhaus seiner Familie auf Baseballs eingeschlagen hatte, ging er in der Regel nach Hause und machte Klimmzüge, Liegestütze und andere Übungen mit selbstgebauten Hanteln.

Rocco hatte schon schnell die Gesetze der Straße gelernt. Für einen jungen Mann in einem Arbeiterviertel, gerade unter Menschen unterschiedlichster Herkunft und Kulturen, war der Einsatz von Körper und manchmal auch Fäusten von existentieller Bedeutung. Und gerade mit den Händen zeigte er sich so talentiert, dass er bald den Ruf hatte, man solle sich besser nicht mit ihm anlegen, wenn man abends noch feste Nahrung zu sich nehmen wolle.

Rocky Marciano (r.) stoppt den Comeback-Versuch von Joe Louis im Oktober 1951 im Madison Square Garden

Marchegianos Training war hart und verbissen. Jeden Tag trainierte er über eine Stunde an einem mit ausgemusterten Klamotten vollgestopften alten Postsack, der an einem Ast der großen Eiche im kleinen Vorgarten seiner Eltern hing.

Um seine Familie finanziell zu unterstützen und auf der Suche nach einem Beruf versuchte sich Rocky Marciano, wie er sich inzwischen nannte, in diversen Jobs als Kohlenfahrer, Eisverkäufer und in der örtlichen Schuhfabrik. Aber nichts davon war von Dauer, und Marciano sprach oft mit seinen Eltern, dass er eigentlich auf der Suche nach etwas ganz anderem für sich sei.

Die Einberufung in die Armee half ihm bei dieser Suche, denn in seiner Einheit bot sich ihm auch die Möglichkeit, unter regulären Bedingungen zu boxen, und schnell machte er sich in internen Armeewettkämpfen einen Namen. »Ich wusste auf einmal, dass ich

Ringrichter Charles Daggert muss nur bis drei zählen, dann steht Rocky Marciano wieder auf den Beinen und wird als Sieger aus dem Kampf gegen Weltmeister Jersey Joe Walcott hervorgehen

»Irgendwann während meiner Armeezeit ist mir von einem Moment auf den anderen klar geworden, dass ich nur so den ärmlichen Verhältnissen meiner Kindheit und Jugend entkommen und meinen Eltern einen angenehmen Lebensabend ermöglichen konnte. In keinem anderen Beruf hätte ich es auch nur annähernd so weit gebracht.«
Rocky Marciano

mit meinem Talent nach meiner Entlassung aus der Armee eine Karriere als Profiboxer anstreben würde«, erinnerte sich der Boxer später.

Im März 1947 bestritt Rocky Marciano seinen ersten Profikampf und siegte durch K.o. Nach 37 weiteren Siegen kam es im Oktober 1951 zum Kampf gegen Joe Louis, der aus Finanznot noch einmal ein Comeback versuchen wollte. Marciano knockte den braunen Bomber, damals nur noch ein Schatten seiner Glanzzeit, in der achten Runde aus. Der einseitige Fight war ein beschämender Anblick für die Anhänger von Louis, den alle eigentlich in anderer Erinnerung behalten wollten.

Auch Marciano hatte gemischte Gefühle. »Der Kampf gegen Joe Louis war der schwerste meiner Karriere. Nicht so sehr wegen der Härte des Gefechts, vielmehr hatte ich enorme Probleme, mit dem Idol meiner Jugend im Ring zu stehen. Ich konnte mich einfach nicht überwinden, voll zuzuschlagen. Als der Knockout endlich kam, war ich natürlich froh, aber auch ein wenig traurig. Fast alle Zuschauer waren gegen mich, manche weinten um Louis. Als ich in seine Ecke ging, musste er mich mehr trösten als ich ihn.« Worte, die später Larry Holmes ähnlich formulierte, nachdem er 1980 Muhammad Ali besiegte.

Titelseite von Sports Illustrated *vom September 1955 (Archiv)*

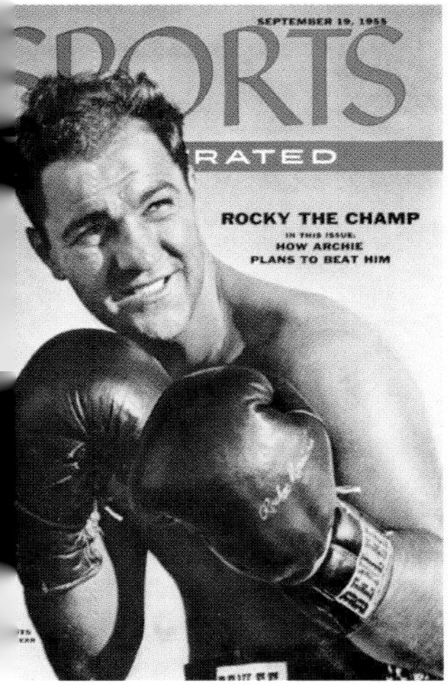

Am 23. September 1952 forderte »The Rock« Weltmeister Jersey Joe Walcott heraus. Und der gab sich selbstbewusst, tönte vor dem Duell: »An alle Journalisten der Welt: Sollte ich gegen diesen Marciano verlieren, könnt ihr mich aus allen Annalen der Boxgeschichte streichen.«

Der Kampf begann für den Herausforderer mit einem Schock. Schon in der ersten Runde musste er nach einem Haken zu Boden. Walcott blieb in der Folgezeit überlegen und nutzte seine größere Erfahrung gegen den zu ungestümen Marciano. Doch der legte langsam seine Nervosität ab, und nachdem er sich an die besondere Situation eines WM-Kampfes gewöhnt hatte, konnte auch Marciano harte Schläge landen, besonders mit seiner Rechten über Walcotts Jab hinweg.

In der sechsten Runde stießen die Beiden mit den Köpfen zu-

sammen, und an Marcianos Stirn bildete sich ein hässlicher Cut, der die Fortsetzung des Kampfes aber glücklicherweise nicht gefährdete. Walcott übernahm erneut die Initiative und baute seinen Punktevorsprung konsequent aus, obwohl er auch selbst immer wieder Treffer nehmen musste.

In der zwölften Runde war Marciano erneut schwer angeschlagen, und der Kampf schien sich endgültig zu Walcotts Gunsten zu entscheiden. Doch der große Auftritt des Herausforderers sollte noch kommen. Denn eine Runde später schlug die Stunde von »Susie Q.«, wie Rocky Marciano seinen rechten Cross immer liebevoll nannte. Marciano traf Walcott – ein Schlag mit einer Gewalt, als hätte ein Pferd ausgetreten. Das Timing war perfekt und ebenso die technische Ausführung. Der Treffmoment kurz vor der vollständigen Streckung des Armes, die Schulter mit drin, die Hüfte eingedreht, selbst die Beinkraft war beteiligt. Für Boxästheten ein faszinierend schönes Bild.

Walcotts Gesicht im Moment des Einschlags erschien dagegen weniger schön, denn der Kiefer verschob sich schaurig gegen den Rest des Kopfes, die Gesichtsmuskeln verliefen sich wie Wellen eines Teiches, in den man einen Stein hineingeworfen hat. Walcott brach in sich zusammen und wurde ausgezählt.

Viel zu leicht

Für heutige Verhältnisse war Rocky Marciano gar kein Schwergewichtler. Bei einer Größe von nur knapp 1,80 Meter und einem Kampfgewicht zwischen 86 und 88 Kilogramm würde er heute gegen solche Giganten wie Lennox Lewis oder die Klitschko-Brüder Vitali und Wladimir antreten müssen, die ca. 25 Zentimeter größer und ca. 30 Kilogramm schwerer sind. Heute beginnt das Schwergewicht erst bei 86,1 Kilogramm.

The Ol' Mongoose – die alte Raubkatze

Es war schon kurz vor Archie Moores 45. Geburtstag, und der junge kanadische Herausforderer Yvon Durelle schien im Dezember 1958 keine Geschenke verteilen zu wollen. Dreimal schickte er Moore bereits in der ersten Runde zu Boden, ein weiteres Mal in der fünften Runde. Aber Moore, einer der besten Halbschwergewichtler aller Zeiten, ließ sich nicht entmutigen. Er überstand diese kritischen Situationen und fand wieder in den Kampf zurück. Durelle hatte sich zu früh verausgabt. In Runde zehn schickte Moore Durelle zweimal mit furchtbaren Kombinationen zu Boden, eine Runde später kam nach einem linken Haken Moores das endgültige Aus. »The Ol' Mongoose« hatte die fast sichere Niederlage abgewendet und mit seinem 127. K.o.-Erfolg die bisherige Bestmarke von Young Stribling für die meisten Knockout-Siege aller Zeiten übertroffen. 1963 trat Moore im Alter von fast fünfzig Jahren mit 141 K.o.-Siegen in der Tasche zurück – ein Rekord für die Ewigkeit.

Das Plakat für die Hauswände, mit der Ankündigung eines großen Kampfes (Archiv)

Bedrängt von Walcott. Aber in der 13. Runde landet Rocky Marciano den entscheidenden Treffer am Kinn des bisherigen Weltmeisters und wird danach den Titel bis zu seinem Karriereende nicht mehr abgeben

Marciano verteidigte nach dieser Sternstunde seinen Titel noch sechsmal, dabei feierte er fünf K.o.-Erfolge, den ersten davon gleich im Rückkampf gegen Walcott, als er seinen Gegner diesmal gleich in der ersten Runde ausknockte.

In seinem letzten Kampf im September 1955 forderte ihn Archie Moore heraus, der Weltmeister im Halbschwergewicht. Wieder musste Marciano früh im Kampf selbst zu Boden, bevor er seinen Gegner diesmal in der neunten Runde k.o. schlug. Nach dem Fight trat Marciano zurück, seine makellose Kampfbilanz steht bei 49 Siegen in 49 Kämpfen bei einer K.o.-Quote von neunzig Prozent.

Rocky Marciano starb im Alter von nur 46 Jahren am 31. August 1969 bei einem Flugzeugabsturz. Er ist bis zum heutigen Tag der einzige Weltmeister im Schwergewicht, der ungeschlagen zurücktrat.

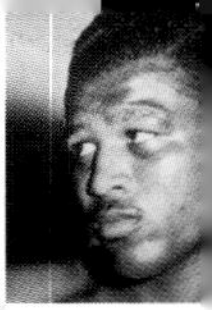

Sugar Ray Robinson vs. Gene Fullmer

1. Mai 1957 in Chicago (USA)

Der perfekte Punch

Sugar Ray Robinson, Mitte der fünfziger Jahre (Archiv)

Wenige wissen, dass Sugar Ray Robinson eigentlich Walker Smith hieß. Als er neun Jahre alt war, zog seine alleinerziehende Mutter mit ihm von Detroit nach New York – nach Harlem. Mit elf Jahren begann er, regelmäßig zum Boxen in den Salem Crescent Athletic Club zu gehen. Manchmal, wenn seine Riege zu Kämpfen fuhr, durfte Walker Smith mitfahren, um zu lernen und als »Mädchen für alles« auszuhelfen.

Eines Abends fiel bei einer solchen Tour ein Fighter aus und der Trainer bat den kleinen Walker einzuspringen. Der Trainer zog eine Boxlizenz aus seiner Tasche und raunte ihm zu: »Hier, die Lizenz von Ray Robinson, mit der boxt du heute ...«

Er gewann den Kampf, gewann auch den nächsten und gewann immer weiter. Immer wieder mit der falschen Lizenz – und irgendwann kamen alle Beteiligten aus der Nummer nicht mehr heraus. So wurde Walker Smith zu Ray Robinson. Den Spitznamen »Sugar« bekam er später von einem Zeitungsjournalisten verpasst. Ein Spitzname, der für außerordentliche Fähigkeiten steht, wie später bei Ray Leonard und in der heutigen Zeit bei Shane Mosley.

Sugar Ray Robinson war auf seine Art fast ein Genie im Ring. Er erhob den Boxsport zur Kunstform. Keiner bewegte sich so elegant, so flüssig, so perfekt. Robinson hatte alles: Schnelligkeit, Timing, Rhythmus, gute Beinarbeit, Übersicht und K.o.-Power in beiden Fäusten. Aber wie fast alle Genies hatte er auch andere Seiten.

Fotogene Trainingsstudie am Sandsack: Sugar Ray Robinson

Robinsons phänomenaler offizieller Kampfrekord als Amateur steht bei 85 Siegen, 69 davon durch K.o. und 40 davon in der ers-

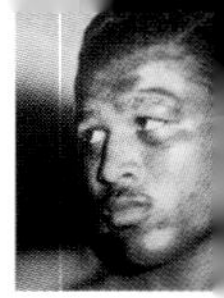

ten Runde. Niederlagen waren Fehlanzeige. Mit zwanzig Jahren wurde er Profi und gewann vierzigmal in Folge, erst 1943 sollte er zum ersten Mal verlieren – gegen Jake La Motta.

Es sollte allerdings seine einzige Niederlage gegen »The Raging Bull« aus der Bronx in ihren insgesamt sechs Auseinandersetzungen bleiben. Danach folgten weitere acht Jahre, in denen er in noch einmal 93 Kämpfen ungeschlagen blieb.

Als Robinson im Zweiten Weltkrieg in die US-Armee eingezogen wurde, sollte er als Mitglied der »Joe Louis Troop«, einer Gruppe von Boxern um den Schwergewichtsweltmeister, nach England geschickt werden, um dort durch Schaukämpfe die Moral der Truppen zu stärken. Das aber schien dann doch nicht nach Robinsons Geschmack zu sein. Als das Schiff ablegte, wurde er plötzlich vermisst. Seine spätere dubiose Erklärung war, er sei gestolpert, die Treppe heruntergestürzt und habe dabei das Bewusstsein verloren. Als er wieder aufwachte, habe er einen partiellen Gedächtnisverlust erlitten und so vergessen, dass er eigentlich aufs Schiff musste. Robinson wurde daraufhin aus der Armee entlassen, ehrenhaft, wie er selber immer betonte, aber mit Ruhm bekleckert hatte er sich durch diese Episode nicht.

Nach dieser Zeit galt Robinson als bester Weltergewichtler der Welt, aber er bekam lange keine Titelchance, wohl weil viele befürchteten, er würde als Schwarzer diese Gewichtsklasse voller beliebter weißer Boxer dominieren. Aber der öffentliche Druck wuchs, und er bekam dann doch seinen WM-Kampf. 1946 besiegte er Tommy Bell trotz eines eigenen Niederschlags nach Punkten und wurde erstmals Weltmeister.

Noch eine der Qualitäten von Robinson war seine unglaubliche Willenskraft. Sehr oft fand er aus scheinbar aussichtslosen Situationen wieder in einen Fight zurück, gerade nachdem er schon am Boden war, was durchaus vorkommen konnte. In der Nacht vor seinem Kampf gegen Jimmy Doyle träumte Robinson, er würde seinen Gegner ausknocken und der würde im Ring sterben. Am Morgen teilte er der Kommission mit, dass er nicht kämpfen werde. Der Traum sei ein schlechtes Omen, und der Kampf könne nur tragisch

Der Albtraum jedes Promoters

Wenn ein Promoter einen Robinson-Kampf veranstaltete, war er erst sicher, dass er auch stattfand, wenn Sugar Ray im Ring war. Niemand ließ so viele Kämpfe platzen wie Robinson. Wenn ihm der Ring zu klein war, sagte er ab. Wenn ihm das Licht zu grell war, sagte er ab. Wenn er sich psychisch nicht gut fühlte, sagte er ab. Wenn er körperlich auch nur die minimalsten Irritationen verspürte, sagte er ab. Wenn ihm auf einmal die Börse als zu gering erschien, sagte er ebenfalls einfach ab, auch wenn er den Vertrag zu diesen Bedingungen unterschrieben hatte.
Dass er damit immer wieder unzählige Menschen an den Rand der Verzweiflung trieb, war ihm völlig egal. »Ich bin es, der in den Ring steigen muss und um sein Leben kämpfen soll. Also muss man mir schon selbst überlassen, unter welchen Umständen und zu welchen Bedingungen«, war eine Rechtfertigung, die so mancher Promoter von ihm immer wieder zu hören bekam.

enden. Die Veranstalter waren natürlich in heller Aufregung und schickten zwei Geistliche zu Robinson, die ihn schließlich überzeugten, am Abend doch anzutreten. In der achten Runde traf Robinson Jimmy Doyle mit einem linken Haken voll am Kinn. Doyle starb tatsächlich an den Folgen dieses unglaublichen Schlages.

Für Sugar Ray Robinson war nichts mehr wie zuvor. Er bekam ein neues Verhältnis zum Boxen. Der unmittelbare Schock war bald überwunden, aber die Liebe zum Sport war weg, ab da ging es Robinson nur noch ums Geldverdienen. Boxen war zum reinen Geschäft geworden.

1951 kam es zum letzten Kampf gegen Jake La Motta. Robinson forderte den amtierenden Mittelgewichtsweltmeister heraus und gewann durch technischen K.o. in der 13. Runde. Sugar Ray war zum ersten Mal Weltmeister im Mittelgewicht.

Verlockungen der Mafia, die in den fünfziger Jahren im Boxen fast überall ihre Finger im Spiel hatte, ist Robinson, soweit man weiß, übrigens nie erlegen. Alle Versuche, Kämpfe mit ihm zu manipulieren, scheitern. Dennoch lassen sie ihn in Ruhe und verzichten auch auf die sonst üblichen Muskelspiele des Mobs. Robinson war einfach größer als das Boxen selbst und als Lichtgestalt unantastbar.

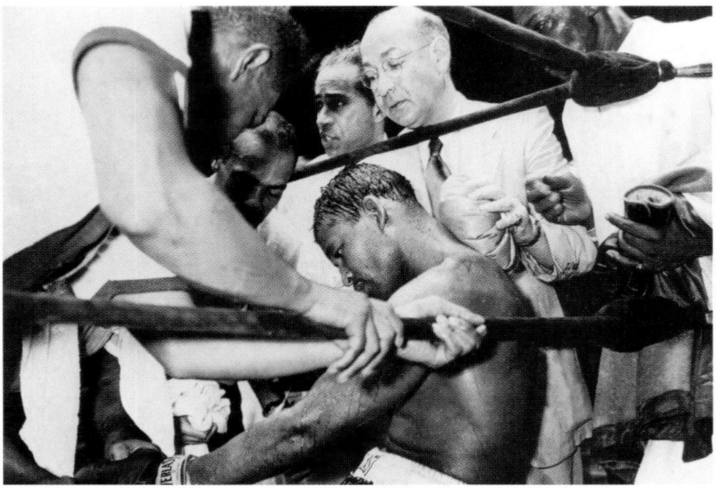

Kampfunfähig in der 14. Runde. Nach der Niederlage gegen Joey Maxim im Juni 1952, als er sich bei 40 Grad Hitze zu sehr verausgabt hatte, tritt Sugar Ray Robinson zurück – vorläufig jedenfalls

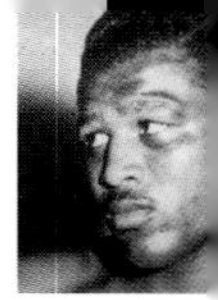

Robinson kaufte zu dieser Zeit in Harlem einen ganzen Häuserblock zwischen der 123. und 124. Straße und machte einen Laden nach dem anderen auf. Friseursalon, Maklerbüro, Reinigung, Boutique und ein Restaurant mit angeschlossener Bar, der gesellschaftliche Mittelpunkt New Yorks. Frank Sinatra, Joe DiMaggio, Dean Martin, Nat King Cole – sie alle waren Superstars in ihren Bereichen und sonnten sich dennoch als Stammgäste im »Sugar Ray's« in Robinsons Licht.

Nachdem Robinson nach Punkten klar führend bei extremer Hitze aus Erschöpfung im Kampf gegen Halbschwergewichtsweltmeister Joey Maxim aufgeben musste und ihm so der Griff zu einem WM-Titel in der dritten Gewichtsklasse verwehrt wurde, entschloss er sich, mit dem Boxen aufzuhören.

In fataler Fehleinschätzung seiner Fähigkeiten nahm er eine Karriere als Sänger und Stepptänzer in Angriff. Ein grandioser Misserfolg. Da geriet auch sein Privatleben in Unordnung. Er begann, seine erste Frau Edna Mae zu schlagen, und hatte bis zu vier Freundinnen gleichzeitig, denen gegenüber er auch oft gewalttätig wurde. Das Geld wurde knapp, seine Frau drohte, ihn zu verlassen – und selbst der große Boxer spürte, dass dringend etwas passieren musste. Er begann wieder zu boxen, und entgegen vieler Prognosen, und obwohl er einigen Ringrost angesetzt hatte, holte er sich den WM-Titel im Mittelgewicht von Bobo Olson durch K.o. in der zweiten Runde wieder zurück.

Im Januar 1957 verteidigte Robinson den Gürtel gegen Gene Fullmer. Ein starker, unbequemer Mann mit großer Schlagkraft und unorthodoxem Stil. Eigentlich hätte der Kampf schon sechs Wochen früher stattfinden sollen, aber Robinson hatte mal wieder kurzfristig abgesagt. Nun gewann Fullmer nach Punkten.

Im Rückkampf vier Monate später sollte Robinson etwas gelingen, was Boxhistoriker übereinstimmend als »The Perfect Punch« bezeichnen. Gleichzeitig war diese Sternstunde wohl die letzte eindrucksvolle Demonstration der unglaublichen Fähigkeiten des Sugar Ray Robinson, dessen Karriere mit immerhin schon 37 Jahren den Zenit längst überschritten hatte. Erneut nach Punkten hinten

Unglaubliche Bilanz

Robinsons Kampfbilanz als Profi ist mehr als beeindruckend: In 202 Kämpfen musste er nur 19 Niederlagen einstecken, die meisten am Ende seiner Karriere, 110-mal siegte er durch K.o. Er war vier Jahre lang Weltmeister im Weltergewicht und fünffacher Weltmeister im Mittelgewicht. Robinson ging nie einem Gegner aus dem Weg und hat insgesamt gegen 18 Weltmeister geboxt, in der heutigen Zeit völlig undenkbar.

Sugar Ray Robinson gegen Gene Fullmer – erst schlägt Fullmer den Weltmeister, dann holt sich Robinson den Titel zurück – mit dem »perfekten Punch« (Archiv)

liegend, schlug Robinson den 3:1-Favoriten Fullmer mit einem linken Haken ans Kinn k.o. Fullmer, der vor und nach diesem Kampf nie am Boden war, erinnert sich: »Ich saß in meiner Ecke auf dem Stuhl, sah Robinson hin- und herhüpfen und fragte meinen Trainer: ›Was macht der denn da für komische Gymnastik?‹ Und mein Coach sagte: ›Das sind Freudensprünge, und du bist gerade von deinem K.o. aufgewacht, Gene.‹«

Es war ein Traum von einem Haken, kurz, mit dem ganzen Körper dahinter, perfekt ausbalanciert, exaktes Timing des Treffpunktes genau in die Gegenbewegung des Kopfes. Und alles ohne jedes Zeichen von Kraftanstrengung. Robinson: »Als ich den Schlag ins Ziel brachte, war ich mir wie bei keinem anderen Schlag meiner Karriere sicher, dass mein Gegner nicht so bald wieder aufsteht. Ich hatte sogar ein wenig Angst um ihn.«

Fullmer sollte Jahre später wieder Weltmeister werden und sich noch große Schlachten mit Carmen Basilio und Dick Tiger liefern. Diese Nacht aber gehörte Sugar Ray Robinson. Robinson boxte noch weitere acht Jahre, weil ihn ständige Geldsorgen dazu zwangen, und wurde immer mehr zum lebenden Klischee des Mannes, der den richtigen Zeitpunkt zum Aufhören verpasst hat. Er starb im April 1989 nach langem Leiden an der Alzheimer Krankheit.

Muhammad Ali vs. Karl Mildenberger

10. September 1966 in Frankfurt (Deutschland)

Verblüffender Kampf

Sein größter Kampf dauerte elfeinhalb Runden. So lange widerstand Karl Mildenberger »dem Größten«, Weltmeister Muhammad Ali, bei dessen sechster Titelverteidigung. Nur die alten Haudegen George Chuvalo und Floyd Patterson hatten es in den fünfundzwanzig vorangegangenen Auftritten länger gegen Ali ausgehalten. Und so verwunderte es, dass der haushohe Favorit aus den Vereinigten Staaten vor 35 000 Zuschauern mit dem 28-jährigen Pfälzer so viel Mühe hatte. Am Ring applaudierten auch Max Schmeling und Joe Louis als Ehrengäste dem deutschen Europameister im Schwergewicht - obwohl Ringrichter Teddy Waltham aus England in der zwölften Runde den Kampf nach einer Serie von harten Treffern zum Kopf des durchgeschüttelten Deutschen abbrach und Ali zum Sieger durch technischen K.o. erklärte.

Ali selbst setzte Mildenberger später in der Liste seiner zehn schwersten Gegner an die fünfte Position, was wohl auch mit der Rechtsauslage Mildenbergers zusammenhing. Der Deutsche stand nämlich, wie die Boxer sagen, »verkehrt herum«, was vor gut drei Jahrzehnten noch die krasse Ausnahme war. Ein Rechtsausleger benutzt die rechte Hand als Führungshand und setzt seine Linke als Schlaghand ein. Somit entstehen für den Boxer, der diesen Stil nicht gewohnt ist, erhebliche Probleme. Man kommt sich häufig mit dem vorne stehenden Fuß in die Quere und muss viele der eigenen Schläge etwas anders schlagen, um Treffer zu landen.

Karl Mildenberger (l.) widersteht Muhammad Ali bis zur zwölften Runde und flüchtet dabei keineswegs in die Defensive

Immer wieder landete so Mildenbergers Linke auf der Leber von Ali, der Weltmeister war einige Male zumindest irritiert, und auch

mit seiner steifen Führhand stellte der Deutsche seinen Gegner vor Probleme und kam oft ins Ziel.

Mildenberger war der erste Rechtsausleger, der um die Schwergewichtsweltmeisterschaft boxte, und bis heute haben es in der über hundertjährigen Geschichte der Champions erst zwei Rechtsausleger zu Titelehren in der Königsklasse gebracht.

Mit dieser Leistung war aus »Karl dem Flachen« wieder »Karl der Große« geworden. Mit dem Beinamen »der Flache« hatte ihn die deutsche Presse nach der K.o.-Niederlage in der ersten Runde im Europatitelkampf gegen den Briten Dick Richardson verspottet. Er legte danach eine Kampfpause von sieben Monaten ein und kümmerte sich um sein Textilgeschäft in Kaiserslautern.

Bei seiner Rückkehr in den Ring machte »Milde« dann schnell durch gute Leistungen wieder auf sich aufmerksam. Er gewann die Europameisterschaft und verteidigte diesen Titel sechsmal erfolgreich, bevor er ihn im September 1968 an den Briten Henry Cooper verlor und daraufhin seinen Rücktritt erklärte.

Mildenberger wurde am 23. November 1937 in Kaiserslautern geboren und war zehn Jahre Berufsboxer - von 1958 bis 1968. Er ging 65-mal in den Ring, nur fünf Kämpfe hat er verloren, vier Jahre war er Europameister. Und das, obwohl nach seinem Wechsel ins Profilager viele ein schnelles Ende seiner hohen Ambitionen voraussagten. Er sei technisch zu ungeschliffen und unbedarft. Doch unter der Anleitung seines Managers und Trainers Bruno Müller entwickelte sich Mildenberger zu einem herausragenden Faustkämpfer. »Bruno Müller krempelte den K.o.-Fighter Mildenberger völlig um: Aus der Motte wurde ein Schmetterling«, staunte im Dezember 1983 die renommierte Wochenzeitung *Die Zeit*.

Karl Mildenberger in Trainingspose Anfang der sechziger Jahre

Karl Mildenberger spielte als Fünfjähriger zum ersten Mal mit Boxhandschuhen, da wurde Muhammad Ali als Cassius Marcellus Clay in Louisville im US-Bundesstaat Kentucky in eine Zeit hineingeboren, als der Rassismus in den Vereinigten Staaten noch an der Tagesordnung war.

Als Clay zwölf Jahre alt war, wurde ihm sein Fahrrad gestohlen. Der Gerechtigkeitsfanatiker beschloss, es dem Dieb, sollte er ihn

Muhammad Ali immer auf der Höhe des Geschehens, Karl Mildenberger hält bis zur zwölften Runde mit, ehe Ringrichter Waltham den Kampf abbricht und Ali zum Sieger durch technischen K.o. erklärt

erwischen, so richtig heimzuzahlen, und begann zu boxen. Schnell waren einige Siege zusammen und viele Trophäen von kleineren Turnieren schmückten das Kinderzimmer. Über die nationalen Meisterschaften qualifizierte er sich für die Olympischen Spiele. In Rom deklassierte Clay in seinem letzten Amateurkampf im Finale des Halbschwergewichts den Polen Zbigniniew Pietrzykowski. Schon damals galt das Kampfmotto: »Ich schwebe wie ein Schmetterling und steche wie eine Biene.« Er boxte praktisch ohne Deckung und tanzte seine Gegner mit einer bis dahin noch nie dagewesenen Beinarbeit schwindelig.

Bald begann er, vor den Kämpfen das jeweilige Kampfende vorherzusagen oder sich die Runde, für die er das Ende seines Gegners plante, in seine Kampfhandschuhe zu schreiben. Clay wurde schnell

populär und bekam seine Chance auf einen WM-Kampf. Er durfte seinen Landsmann Sonny Liston herausfordern. Liston galt als einer der stärksten Schwergewichtler mit einer noch größeren Durchschlagskraft als Joe Louis oder Rocky Marciano.

Am Kampftag wurde Liston als 8:1-Favorit gehandelt. Der Kampf wurde legendär und mit ihm Clays Sprüche in der Vorbereitung. Er beschimpfte seinen Gegner als »häßlichen Bären« und provozierte, wo er konnte. Im Kampf setzte Clay neben seinem Mundwerk vor allem seine schnellen Beine ein und frustrierte den Weltmeister mit seinen Aktionen dermaßen, dass Liston nach der sechsten Runde einfach in seiner Ecke sitzen blieb. Das »Großmaul« hatte seinen Worten die entsprechende Leistung folgen lassen und war der neue Weltmeister aller Klassen – »The Greatest«.

Strahlende Begegnung im Dezember 1998 bei der Wahl von »Deutschlands Sportlern des Jahres«: Ehrengast Muhammad Ali und Karl Mildenberger erinnern sich an Zeiten, als Henry Maske (Mitte) noch das Laufen lernte

Daraufhin trat Clay den »Black Muslims« bei. In Anlehnung an den dunkelhäutigen Bürgerrechtler Malcolm X legte Clay seinen »Sklavennamen« Cassius Clay ab und ließ sich fortan Muhammad Ali nennen. Er engagierte sich mit Malcolm X und Martin Luther King zum Teil sehr radikal für die Rechte der Afroamerikaner und bezeichnete alle Weißen als »Teufel«.

Angelo Dundee – ein echter Klassiker

Der am 30. August 1921 in New York geborene Italo-Amerikaner Angelo Dundee kam über seine beiden boxbegeisterten Brüder zum Faustkampf und wurde eine der weltweit größten Trainerlegenden. Die über zwanzigjährige »Ehe« mit Muhammad Ali gilt als die erfolgreichste Partnerschaft in den Annalen des professionellen Boxens. Angelo Dundee betreute in seinem »5th Street Gym« in Miami neben Ali auch noch viele andere Weltmeister wie z. B. Sugar Ray Leonard, Carmen Basilio, Ralph Dupas, Willie Pastrano, Pinklon Thomas und George Foreman. Dundee vertritt mit seinem Leitsatz »Im Ring muss man vor allem boxen« die eher klassische Boxschule und ist in der Ecke ein Motivationskünstler, der mit seinen psychologischen Kenntnissen das Letzte aus seinen Boxern herausholen kann.

Als Ali zudem noch den Wehrdienst verweigerte, versuchte das weiße Amerika ein Exempel an ihm zu statuieren. Die von den Befehlshabern geplanten Schaukämpfe von Ali für die im Vietnamkrieg eingesetzten Truppen verweigerte er. Dazu gab er im amerikanischen Fernsehen ein folgenschweres Interview. Im für Ali typischen Reimstil sagte er: »Und fragt ihr mich auch noch so lang/ über den Krieg in Vietnam sing ich den Song:/ Ich habe keinen Streit mit dem Vietcong.«

Diese Äußerungen brachten ihn um den Titel, den er neunmal erfolgreich verteidigt hatte, um seine Boxlizenz und auch um viel Anerkennung. Aber Ali stand zu seinen Worten und konnte sich das Verlorene Schritt für Schritt zurückerarbeiten. Nachdem er wieder eine Boxlizenz hatte, besiegte Ali Ende Oktober 1970 nach dreieinhalbjähriger Abstinenz Jerry Quarry in der dritten Runde. Doch die Person Ali ist mehr als die Summe seiner sportlichen Titel.

Im Mai 1995 widmete seine Heimatstadt Louisville ihrem prominenten Sohn ein Museum. Ein Jahr später entzündete Ali in Atlanta das olympische Feuer und wurde endgültig zur Symbolfigur Amerikas und einer vorurteilsfreien und friedlichen Welt.

Muhammad Ali vs. George Foreman

30. Oktober 1974 in Kinshasa (Zaire)

Der legendäre »Rumble In The Jungle«

In den Monaten nach seinem Sieg über George Foreman schien Muhammad Ali beinahe zu schweben. »Jetzt, da ich mir meinen Titel zurückgeholt habe, ist jeder Tag ein ganz besonderer. Ganz egal, wie draußen das Wetter ist, für mich scheint immer die Sonne.«

Zehn Jahre nach seinem Sieg über Sonny Liston (»Ich habe die Welt geschockt!«), als er zum ersten Mal Weltmeister geworden war, und sieben Jahre, nachdem ihm wegen Wehrdienstverweigerung (»Ich habe keinen Ärger mit dem Vietkong ...«) der Titel aberkannt, die Lizenz entzogen und er um seine vielleicht besten Jahre als Boxer betrogen worden war, hatte sich Ali in spektakulärer Manier wieder auf den Thron gesetzt.

Der Rebell hatte gesiegt. Ali ging für seine Überzeugungen oftmals große Risiken ein und revolutionierte sowohl seinen Sport als auch das Bild des Sportlers in der Öffentlichkeit. Der frühere US-Präsident Bill Clinton sagte einmal über ihn: »Im Rückblick kann man sagen, dass Ali mit seinen Prinzipien und Entscheidungen entgegen der von großen gesellschaftlichen Gruppen zur jeweiligen Zeit vorgegebenen Meinungen immer bewundernswert richtig gelegen hat.«

Auf dem Weg zur Rückeroberung des Weltmeistertitels: Ali (l.) fixiert Foreman

Der Kampf gegen Foreman war ursprünglich für den 25. September angesetzt. Don King, zum ersten Mal Promoter einer Schwergewichtsweltmeisterschaft, hatte beiden Boxern eine Börse von je fünf Millionen Dollar garantiert. Dafür mussten sie in Zaire antreten, der heutigen Demokratischen Republik Kongo im Herzen Afrikas.

Die Summe wurde vom damaligen Präsidenten Mobutu aufge-

bracht, um seinen Namen und den seines Landes populärer zu machen und so die Handelsbeziehungen zu verbessern. Die blasierte amerikanische Reporterschar war beleidigt, musste sie doch für diesen großen Kampf tatsächlich auf Reisen gehen. So schrieb die New Yorker *Daily News*: »Eine Weltmeisterschaft im tiefsten Dschungel, toll! Der Gipfel des Mount Everest war wohl schon ausgebucht.«

Ali nutzte die Situation zu seinen Gunsten und eroberte mit seiner einnehmenden und offenen Art schnell die Herzen der Einwohner und damit natürlich der Zuschauer. Ganz im Gegensatz zu Foreman, der sich in Kinshasa mit öffentlichen Auftritten sehr zurückhielt und durch Unfreundlichkeit auffiel. Dass er sich dabei noch mit seinen geliebten deutschen Schäferhunden umgab, verscherzte ihm die letzten Sympathien, standen Schäferhunde doch als verhasstes Symbol der Unterdrückung durch die Geheimpolizei. Mit einer modernen Demokratie hatte Mobutus Regime schließlich nichts zu tun.

Acht Tage vor dem Kampf dann der Schock: Foreman zog sich beim Sparring mit Bill McMurray einen Cut über dem rechten Auge zu, und der Fight musste nach viel Hin und Her auf den 30. Oktober verschoben werden. Vorsorglich ließ die Regierung Zaires die Boxer und ihre Camps wissen, dass es wohl nicht weise wäre, das Land etwa verlassen zu wollen. Der Kampf wurde auf vier Uhr morgens Ortszeit angesetzt, gleichzeitig Primetime für die Closed-Circuit-Übertragungen in den USA.

Trotzdem waren rund 60 000 Zuschauer erschienen. Es war schwül und die Stimmung eindeutig für Ali. »Ali, bomaye« klang es von den Tribünen: »Ali, töte ihn.« In der ersten Runde versuchte Ali, lang zu boxen und Foreman immer wieder mit seiner Rechten zu überraschen, indem er sie ohne Vorbereitung durch den linken Jab schlug. In der zweiten Runde war auf einmal alles anders. Ali ließ sich scheinbar widerstandslos von Foreman in die Seile drängen und machte keine Anstalten, sich von dort wieder befreien zu wollen. Er blieb an den Seilen, lehnte den Oberkörper weit nach hinten und versuchte irgendwie, Foremans Schläge zu blockieren. Und der Weltmeister schlug wie eine Maschine.

Das Plakat zum Kampf von Kinshasa, Zaire (Archiv)

Das Comeback von Foreman

Viele zweifelten nach Foremans Niederlage an seinem Kämpferherz, zu emotionslos schien er sich nach dem Niederschlag mit dem Misserfolg abgefunden zu haben. Aber fünfzehn Monate später wurden seine Kritiker eines Besseren belehrt. Im Kampf gegen den mörderischen Puncher Ron Lyle musste Foreman gleich zweimal nach harten Volltreffern zu Boden, aber er biss sich durch und knockte Lyle aus – Big George was back!

Immer wieder traf er Ali, vor allem an dessen Armen und Schultern, der Kopf war aufgrund der durch die Hitze und Feuchtigkeit extrem locker gewordenen Seile einfach zu weit hinten, als dass Foreman ihn hätte treffen können. So konzentrierte er sich auf den Körper und schlug monoton auf Ali ein, der viele Schläge vermeiden konnte, alle aber natürlich nicht.

Aus Alis Ecke schrie man ihm panisch zu, er solle von den Seilen weg und sich an die verabredete Taktik halten. Sein Trainer Angelo Dundee war entsetzt. »Ganz im Ernst: Als er sich so in die Seile lehnte, wurde mir schlecht. Ich war sehr optimistisch vor dem Kampf, ich war sicher, Ali könnte gewinnen. Aber ganz sicher nicht so. Er sollte tanzen, ihn ausboxen, so fünf bis sechs Runden lang, um dann selber die Initiative zu übernehmen. Außerdem war Foreman nicht besonders beweglich im Oberkörper, Ali sollte ihm also mit seinem Jab zusetzen und dann schnell wieder wegspringen. Der Plan war, Treffer zu vermeiden und in den hinteren Runden anzugreifen. Nun, es war ein Riesenkampf, und ich hatte einen der besten Plätze, um ihn zu verfolgen. Aber was habe ich gelitten.«

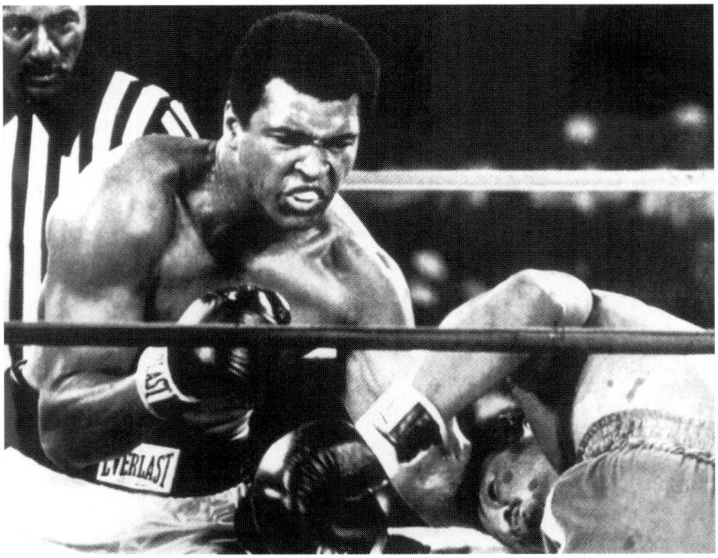

Muhammad Ali nähert sich der Sensation. Foremans Lage wird zunehmend aussichtlos

Der Moment der Entscheidung: Ali betrachtet aus der neutralen Ecke heraus, wie sein Gegner nach zwei Links-Rechts-Kombinationen nur mühevoll auf die Beine kommt. Foreman wird ausgezählt, Ali ist wieder Weltmeister

Eine Runde war wie die nächste, Foreman trieb Ali in die Ringseile, und der ließ sich dort verhauen. Foremans Schwinger waren von unvorstellbarer Gewalt, aber Ali hielt ihnen stand. In der fünften Runde allerdings kam der Weltmeister immer wieder mit schweren rechten Händen zum Körper durch, und Ali war sichtlich mitgenommen. Aber irgendwie überstand er die Runde, langsam wurde Foreman müde, seine Schläge verloren mehr und mehr an Kraft, und er wirkte zunehmend ratlos und frustriert. Ali hatte alles eingesteckt, was Foreman zu bieten hatte. Mit großem Mut und noch mehr Leidensfähigkeit war es ihm gelungen, Foreman mental und körperlich auszulaugen.

In der achten Runde drehte Ali dann auf, und George Foreman befand sich ganz plötzlich auf der Verliererstraße. »Aber mir war schon vor der achten Runde klar, dass das nicht gut ausgehen würde. Ich hatte ihn mit den härtesten Schlägen eingedeckt, die ich jemals abgefeuert habe. Jeder andere wäre zu Boden gegangen, Ali nicht.

Ich sah ihm nach einem weiteren Volltreffer in die Augen und entdeckte einen Ausdruck, der mir gar nicht gefiel. Er sagte mir: ›Du tust mir nicht weh, nicht hier und nicht heute.‹ Nach meinem Knockdown hätte ich dann schneller wieder hochkommen können, aber da gab es ein dummes Missverständnis mit meiner Ecke. Egal, keine Ausreden, er hätte mich wohl so oder so besiegt. Muhammad war ein großer Champion.«

Ali traf Foreman im Konter mit einer rechten Geraden, Foreman fiel und kam eine Idee zu spät wieder hoch. Der Kampf war aus und Ali Weltmeister. Für einen Moment schien die Zeit still zu stehen, es folgten Szenen überschäumender Freude, sowohl hier im Stadion als auch in unzähligen Wohnzimmern auf der ganzen Welt. Ali hatte es geschafft. »Ich sollte ihn ja eigentlich aus der Distanz boxen und von ihm wegtänzeln. Aber nach einer Runde habe ich schon gemerkt, dass ich so mehr Energie verliere als er. Die Strategie war im Eimer, ich musste schnell umdenken und entschloss mich, ihn sich müde schlagen zu lassen. Das war riskant, natürlich, aber ich habe es mir zugetraut, die boxerischen Mittel dazu hatte ich. Ein paar Mal wurde es ganz schön eng, aber am Ende hat meine Psyche seine Physis geschlagen.«

Hollywood, Oscar-Verleihung im März 1997, Auszeichnung des Dokumentarfilms »When We Were Kings«. Der Schauspieler Will Smith begrüßt Muhammad Ali (r.) und George Foreman (l.). Der Film erzählt die Geschichte des legendären Kampfes in Kinshasa

Wenige Minuten nach dem Ende des Kampfes ging über dem Stadion ein sintflutartiger Platzregen herunter, und die Wassermassen schienen alles zu überfluten. Mit einem Polizeiwagen vorneweg fuhr Ali schnell zurück nach N'Sele, seinem Aufenthaltsort während der Zeit in Zaire, bevor der Regen die Straßen unpassierbar machte. Links und rechts des Weges standen die Menschen morgens um sechs Uhr im strömenden Regen, manche mit ihren Kindern auf dem Arm, und jubelten ihm zu. Er hatte sie im Herzen gerührt, und irgendwie fühlen sich Ali viele Menschen auf der ganzen Welt bis heute so nah verbunden wie einem Familienmitglied. Zum Beispiel, weil er nach nur wenigen Stunden Schlaf und nach dem größten Triumph seiner Karriere am Vormittag auf den Stufen vor seiner Hütte saß und einer Gruppe ganz junger einheimischer Kinder Zaubertricks vorführte – und daran augenscheinlich genauso viel Spaß hatte wie sie.

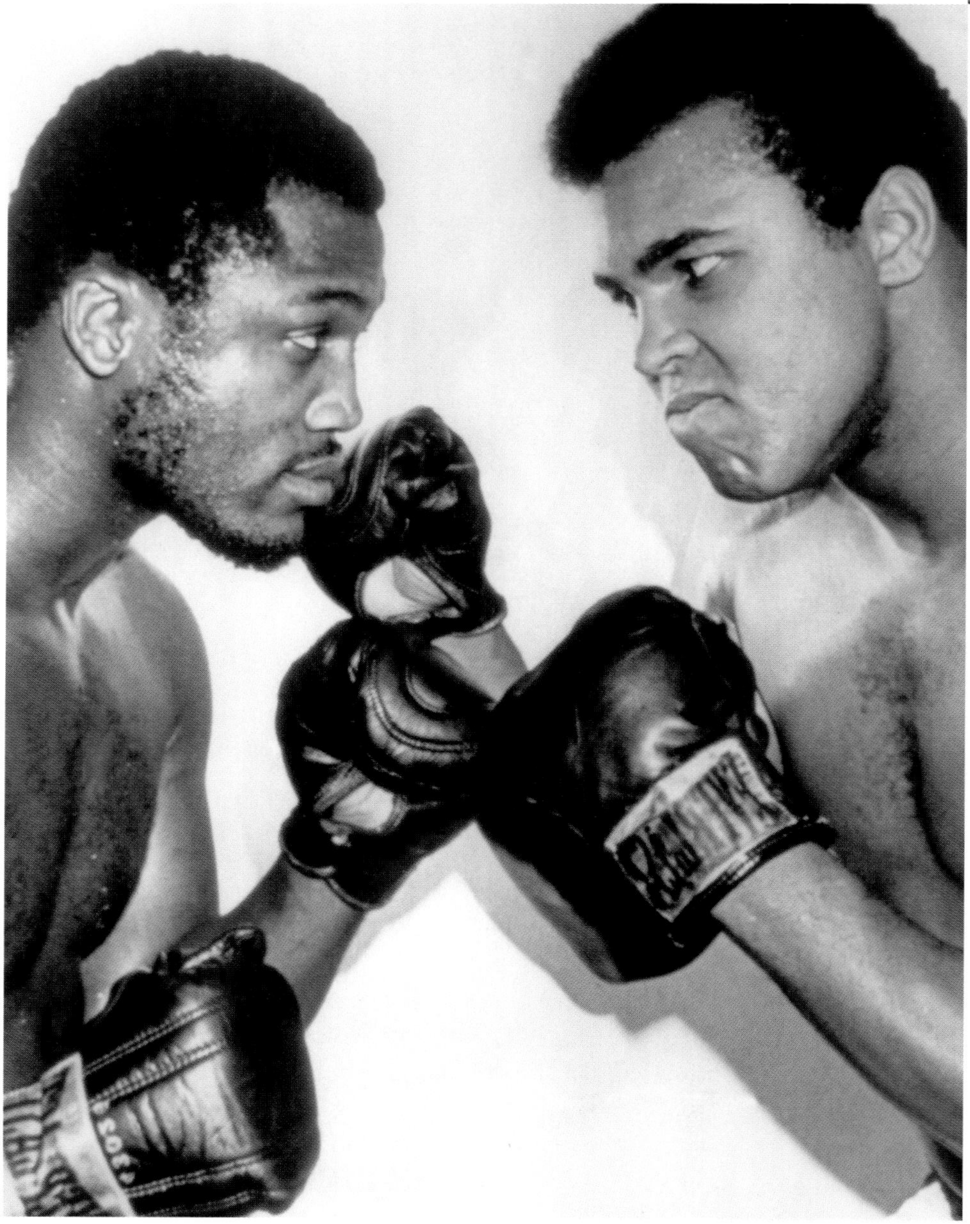

Muhammad Ali vs. Joe Frazier

30. September 1975 in Manila (Philippinen)

»Thrilla In Manila«

Ali gegen Frazier war das vielleicht größte Duell im Sport überhaupt und sollte zum Synonym für echte Rivalität werden. Innerhalb von nur viereinhalb Jahren traten die Beiden dreimal gegeneinander an, und jeder dieser Kämpfe ist ein Meilenstein der Boxgeschichte.

Diese Trilogie stellte sogar die drei Kämpfe von Rocky Graziano gegen Tony Zale in den vierziger Jahren in den Schatten. Und so sehr Ali seinen Konkurrenten Frazier auch immer verspottete, ihn beleidigte und oft über die Grenzen des guten Geschmacks hinaus in der Öffentlichkeit bloß stellte, so sehr hat er ihn auch gebraucht.

Denn hätte es die Kämpfe mit Frazier nicht gegeben, hätten wir nie zu sehen bekommen, wie gut Ali wirklich war. Frazier hat das Beste und Letzte aus ihm herausgeholt, und dennoch hat Ali Frazier mit großer Freude intellektuell lächerlich gemacht, hat ihn mit seinen überlegenen rhetorischen Fähigkeiten in eine Ecke gedrängt, aus der er nicht mehr herauskam. Zunächst sicherlich, um sich einen psychologischen Vorteil zu verschaffen, später wurden die Beleidigungen zum Selbstzweck. Denn Frazier war nicht dumm, Frazier war keine Marionette des weißen Establishments, kein Onkel Tom. Er kam als eines von dreizehn Kindern aus einfachen Verhältnissen, kämpfte sich mit harter Arbeit nach oben, holte 1964 in Tokio Gold für die USA und zeigte in den Kämpfen mit Ali mindestens genauso viel Herz wie dieser.

Kurz vor der ersten Ring-Begegnung im März 1971: Ali gewinnt den Kampf um das grimmigere Gesicht gegen Frazier

Für Frazier war es eine Ehre, Boxer sein zu dürfen, er liebte den Wettbewerb, die ehrliche Mann-gegen-Mann-Situation im Ring.

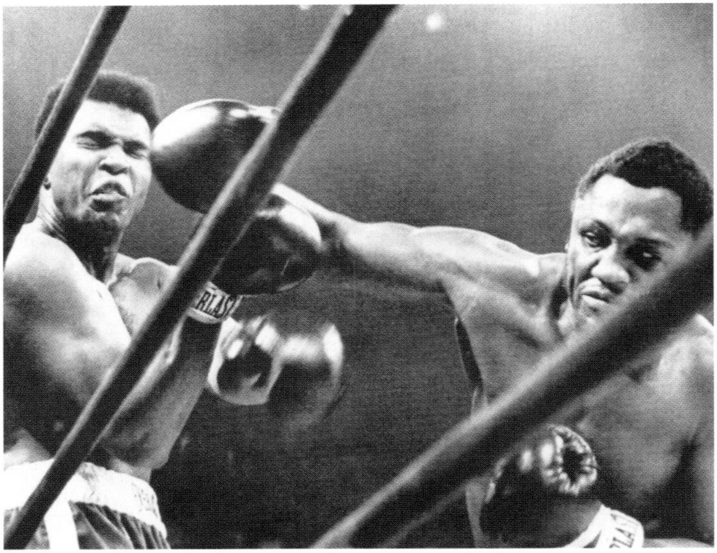

Am 8. März 1971 entscheidet Frazier (r.) den »Kampf des Jahrhunderts« nach Punkten für sich. Es ist Alis erste Niederlage in seiner Karriere

Natürlich hat er gesellschaftspolitisch nichts bewegt, das lag aber auch außerhalb der Punkte, die in seiner Welt von Relevanz waren. Frazier war ganz sicher nicht die Karikatur, auf die ihn Ali reduzierte.

In fast allen seinen Kämpfen hatte Ali den psychologischen Vorteil auf seiner Seite. Nicht gegen Frazier. So sehr er ihn außerhalb des Ringes mit seinen Sprüchen verletzte, im Ring war Frazier zu sehr Fighter durch und durch, als dass Worte gegen ihn hier noch genutzt hätten. Auch er glaubte an sich und an den Sieg. Im ersten Aufeinandertreffen der Beiden im März 1971 siegte Frazier nach Punkten, hatte Ali in der elften Runde kurz vor dem K.o. und schlug ihn in der fünfzehnten Runde mit seinem berühmten linken Haken zu Boden. Ali schaffte es bis zum letzten Gong, aber der Kampf war verloren.

Joe Frazier hatte es ihm heimgezahlt. »Ich habe Ali nie gemocht. Manchmal, wenn wir allein waren, was sehr selten vorkam, benahm er sich ganz o.k. Aber sobald andere Menschen um uns waren, konnte man ihn vergessen. Seine Sprüche haben mir sehr weh getan.

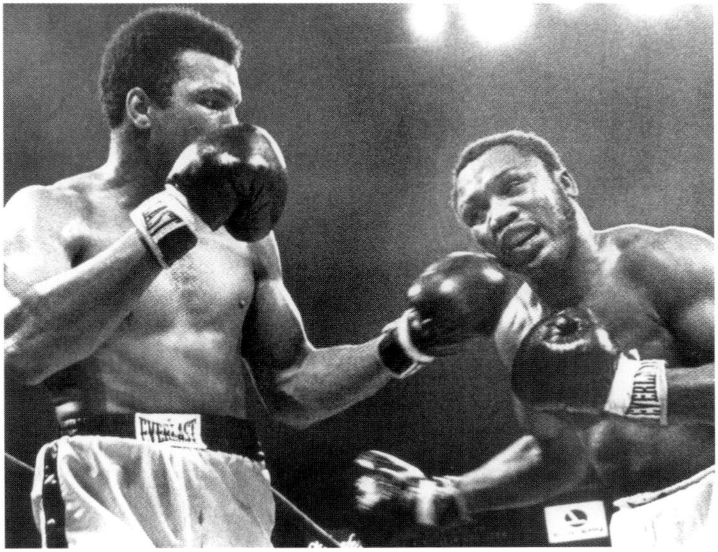

Im Januar 1974 behält Ali die Oberhand über Frazier, wiederum nach Punkten im Zwölf-Runden-Fight

Er hat es geschafft, dass sich meine eigenen Leute von mir abwandten, dass sich die schwarze Gemeinschaft von mir entfremdet gefühlt hat. Aber das ließ mich nur noch härter arbeiten. Und ich habe ihm sein Maul gestopft, das tat so gut.«

Das zweite Treffen Ali vs. Frazier im Januar 1974 wurde wie der erste Kampf im Madison Square Garden in New York ausgetragen. Ein paar Tage davor brach die Antipathie zwischen den Beiden offen aus. Bei einem Interview im Studio des Fernsehsenders ABC kam es zu einem Wortgefecht, in dessen Verlauf Ali Frazier einmal zu oft »ignorant« nannte. Der hatte genug gehört, und es kam zu einem Ringkampf, der kein Spiel war, um den Kartenverkauf anzuheizen. Frazier war es ernst, und keiner weiß, was passiert wäre, hätten Sicherheitsbeamte die Beiden nicht getrennt. Bei einem Straßenkampf ohne Regeln hätte ganz sicher Frazier die besseren Karten gehabt.

Im Ring aber gelang Ali diesmal ein unumstrittener Punktsieg, in der zweiten Runde hatte er Frazier sogar einmal mit einer rechten Gerade angeklingelt. Eine kontroverse Szene, denn in genau diesem Moment trat Ringrichter Tony Perez dazwischen, weil er dachte, er habe den Gong gehört. Bis er eines Besseren belehrt worden war, hatte Frazier wertvolle Sekunden, um sich zu erholen.

Am 30. September 1975 dann der »Thrilla In Manila« oder »Superfight III«, wie der Kampf im Vorfeld von Don Kings Publicity-Maschinerie genannt wurde. Wie schon beim Kampf in Zaire hatte King diesmal die Regierung der Philippinen in Person von Ferdinand Marcos dazu bekommen, die Börsen der Kämpfer zu finanzieren: sechs Millionen Dollar für Ali, die Hälfte für Frazier. Und wieder begann Ali, sein Spiel zu spielen. Bei einer Pressekonferenz bezeichnete er Frazier als Gorilla, holte einen kleinen Plastikgorilla aus der Tasche und begann, auf ihn einzuschlagen, während er reimte: »Das werdet Ihr sehen, die ganze Nacht. Komm her, Gorilla, wir sind in Manila, komm her, Gorilla, das wird ein Thrilla!«

Die meisten Reporter bogen sich vor Lachen, Frazier fand die Vorstellung überhaupt nicht lustig. »Ich hasse diesen Menschen. Was sollen meine Kinder denken, wenn sie in der Schule wegen ihres Vaters dem Gorilla geneckt werden. Ich will ihm weh tun, ich will ihm sein Herz herausreißen, denn das hat er auch mit mir gemacht.«

Menschen sind in der Beurteilung von Dingen von Natur aus subjektiv. Wenn es aber darum geht, den größten Boxkampf aller Zeiten zu benennen, gibt es nur eine Antwort: Ali vs. Frazier III. Die Beiden bekämpften sich ohne Rücksicht auf Verluste, sie wollten sich und der Welt beweisen, wer der bessere Fighter war, wer der bessere Mensch. Wer das größerer Herz hatte, den größeren Mut, den stärkeren Willen. Allen, die den Kampf live gesehen haben, war schon bald klar, dass sie Zeugen eines großen sporthistorischen Moments waren. Nichts war jemals im Sport einem Gladiatorenkampf im Circus Maximus so nah. Ali bestimmte die ersten Runden, er fing den heranstürmenden Frazier mit seinem Jab und der rechten Geraden ab.

Mehrfach wirkte Frazier mitgenommen, aber er ging weiter völlig unbeirrt nach vorne und attackierte Ali mit Hakenserien auf Kopf und Körper. Ab der fünften Runde bekam Frazier Oberwasser.

Ansichten eines Verlierers

Joe Frazier sollte nach dem dritten Fight gegen Ali nur noch zwei Mal boxen: Gegen Foreman setzte es 1975 eine K.o.-Niederlage, und 1981 gab es bei einem halbherzigen Comeback-Versuch ein Unentschieden gegen einen Nobody. Die Niederlagen gegen Ali und Foreman waren die einzigen seiner Karriere. Frazier sieht sich bis heute als wahren Sieger der Trilogie mit Ali, schließlich gehe es dem seinetwegen gesundheitlich schlecht, aber ihm bekanntlich gut.

Zwar musste er selbst unendlich viele Schläge einstecken, aber seine Haken zum Körper schienen Ali zu zermürben und müde zu machen.

Alis Deckung wurde immer mehr nach unten gezogen, und in der sechsten Runde fing er einen furchtbaren linken Haken zum Kinn, der ihn bis ins Mark erschütterte. Er ging zwar nicht zu Boden, sein Geist hatte von seinem Körper Besitz ergriffen und verweigerte die Aufgabe. Aber nach diesem Schlag drehte sich der Kampf, und Ali musste in den nächsten Runden die wohl schlimmsten Prügel seines Lebens einstecken. Er boxte um nicht weniger als ums nackte Überleben. Frazier ließ ihn nicht vom Haken und traf Ali mit einer Unzahl von Schlägen, von denen jeder andere wohl k.o. gegangen wäre. Aber Alis unglaubliches Kinn und sein heldenhafter Wille ließen ihn diese Phase überstehen.

In der zwölften Runde konnte sich Ali ein wenig vom Druck befreien und landete einen Volltreffer zum linken Auge Fraziers, das sich sofort zu schließen begann. Fraziers Sicht war nun eingeschränkt, er konnte die rechten Hände Alis nicht mehr erkennen und ihnen so auch nicht mehr ausweichen. Und Ali nutzte die neue

Frazier sieht sie kommen, kann aber nicht mehr ausweichen. Alis Faust trifft nicht nur in dieser fünften Runde des zweiten Kampfes

Situation gnadenlos aus. In der dreizehnten und vierzehnten Runde deckte er Frazier mit furchtbaren rechten Haken und Geraden ein, auch Fraziers rechtes Auge war nun fast zu, und es wurde zur Bestrafung für »Smokin' Joe«. Aber genau wie Ali in den Runden zuvor weigerte sich jetzt der unbeugsame Frazier, zu Boden zu gehen. Als er zur Pause vor der letzten Runde in seine Ecke zurücktaumelte, nahm ihn Trainer Eddie Futch aus dem Kampf.

»Joe konnte fast nichts mehr sehen und hat sich nur noch instinktiv bewegt. Es war ein erbitterter Kampf gewesen, der ein solches Ende eigentlich nicht verdient hatte. Aber es war jetzt genug. Genau dann werden Boxer für immer in Mitleidenschaft gezogen. Wenn sie viele harte, klare Treffer in kurzer Zeit nehmen und der Stolz sie nicht aufgeben lässt. Ich mag Joe und ich mag seine Familie und ich wollte, dass sie noch etwas voneinander haben. Jeder Schlag mehr hätte der eine zuviel sein können.«

Der Kampf war vorbei, Ali wollte aufstehen, aber die Beine versagten ihm den Dienst, und er musste sich setzen. Keiner weiß, was geschehen wäre, hätte sich Frazier noch einmal gestellt. Ali sagte später: »Fraziers Ecke hat aufgegeben, kurz bevor ich es getan hätte. Ich konnte auch nicht mehr weitermachen. Das war ein Erlebnis so nah am Tod, wie man nur sein kann. Es tut mir heute Leid, dass ich Frazier so verletzt habe, er ist ein guter Mensch. Und falls mich Gott einmal in einen heiligen Krieg schicken sollte, will ich Joe Frazier an meiner Seite haben.«

Es wäre ein guter Moment gewesen, um aufzuhören. Ali war nie mehr der Alte, der »Thrilla In Manila« hatte ihm unendlich viel Substanz geraubt. Aber er erkannte die Zeichen nicht und machte weiter. Selbst als ihn sein langjähriger Arzt Ferdie Pacheco nach dem Kampf gegen Earnie Shavers verließ, weil Ali seine dringende Aufforderung nach einem Rücktritt verwarf, hielt sich Ali immer noch für »The Greatest«. Er verlor gegen Leon Spinks in dessen erst achten Profikampf. Zwar gewann Ali den Rückkampf und damit zum dritten Mal den WM-Titel im Schwergewicht, aber die Magie war verflogen, und die Öffentlichkeit verfolgte seinen sportlichen Abstieg mit Unbehagen und Mitleid. Erst im Dezember

Das Plakat zum Kampf in Manila (Archiv)

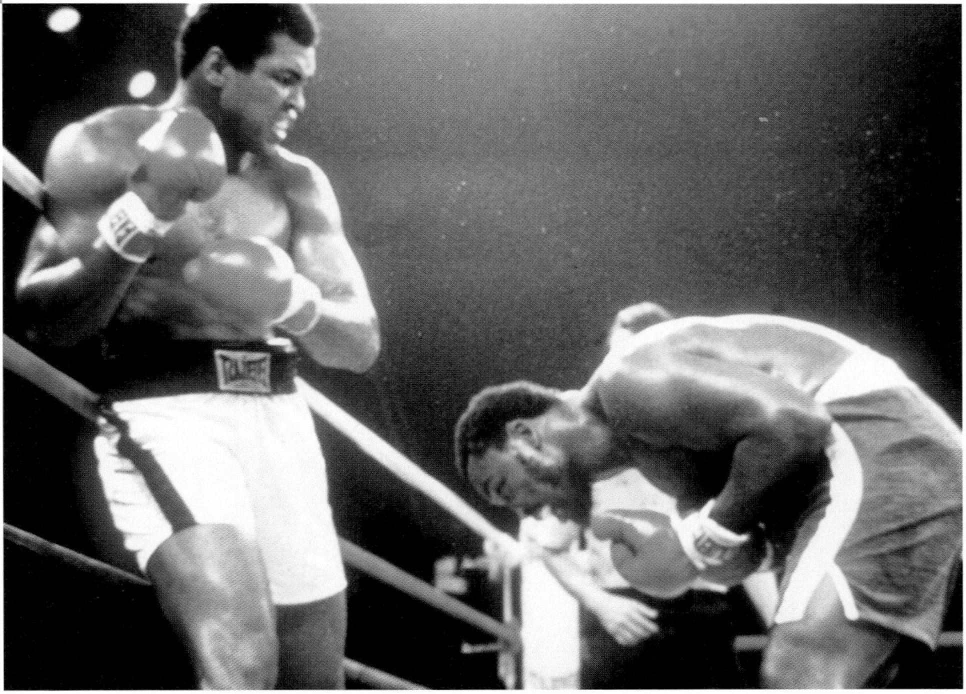

Auf dem Höhepunkt – der »Thrilla In Manila«. Ali im schwersten Kampf seiner Laufbahn. Nach dem erbitterten Fight kommt das Zeichen zur Aufgabe aus Fraziers Ecke. Für ihn ist die letzte Chance dahin, im Geschäft zu bleiben

1981 nach seiner Niederlage gegen Trevor Berbick akzeptierte Ali das Unvermeidliche und trat zurück, viele Jahre und Kopftreffer zu spät. Sein Gesundheitszustand begann sich schnell zu verschlechtern. Wenn die Menschen den Ali von heute sehen, reagieren sie oft mit Mitleid und Trauer. Das aber mag der Ali nicht: »Niemandem muss es bitte für mich Leid tun, ich zahle ganz einfach den Preis für mein erfülltes Leben, und da gehört meine Sturheit auch dazu. Aber es geht mir gut dabei, ich kann nach wie vor viel Gutes tun, und meine Krankheit hält mich davon ab zu tun, was ich tun will. Anderen geht es viel schlechter. Aber Gott bürdet niemandem eine Last auf, die er oder sie nicht tragen könnte.«

Sugar Ray Leonard vs. Thomas Hearns

16. September 1981 in Las Vegas (USA)

Im Schlussspurt keine Chance

Während seiner phantastischen Karriere, die über fünfzehn Jahre andauerte, war Leonard nicht nur ein Boxer, der im Ring dominierte, sondern auch Regeln brach und neue schrieb. Mit weniger als vierzig Kämpfen erreichte er trotzdem einen Status, der sonst eigentlich eher nur für Kämpfer vorgesehen ist, die mehr als hundert Kämpfe bestritten haben.

Er gewann WM-Titel in fünf verschiedenen Gewichtsklassen, verdiente mehr Geld als je ein anderer Sportler vor ihm und wurde in den achtziger Jahren zum »Kämpfer des Jahrzehnts« gewählt. Denn diese Dekade gehörte Sugar Ray Leonard, so wie die zwanziger Jahre Jack Dempsey und die sechziger Jahre Muhammad Ali gehörten.

Ray Charles Leonard wurde am 17. Mai 1956 in Maryland geboren und bekam seinen Namen eigentlich nach dem Sänger Ray Charles. Im Ring erinnerte er jedoch stark an Sugar Ray Robinson, so dass die Namensgebung auch in dieser Hinsicht Sinn machte.

Durch seinen Bruder Roger, der als Profi im Superweltergewicht boxte, kam Ray zum Boxsport. Schon früh wurden die Trainer Dave Jacobs und Janks Morton auf Ray Leonard aufmerksam. »Er hatte das ganz große Talent einfach mit in die Wiege gelegt bekommen«, erinnert sich Morton. Die Goldmedaille bei den Olympischen Spielen 1976 in Montreal war nur das erste Highlight in einer Karriere, in der noch viele Erfolge folgen sollten. Insgesamt erreichte Leonard 155 Amateursiege bei nur fünf Niederlagen.

Hilflos jenseits der Seile: Thomas Hearns (r.) kann seinen Weltmeistertitel gegen Herausforderer Sugar Ray Leonard nicht verteidigen. In Runde 14 muss er nach technischem K.o. den Ring endgültig verlassen

Doch es dauerte lange, bis Leonard sich dazu entschied, Profi zu

> ***Die Sternstunde des Roberto Duran***
>
> **Am 20. Juni 1980 kamen mehr als 46 000 Zuschauer in das Olympiastadion nach Montreal in Kanada. Der »Brawl In Montreal« erlebte einen Roberto Duran in absoluter Bestform. Sugar Ray Leonard suchte sein Glück im Schlagabtausch und wollte, ähnlich wie Ali gegen Foreman, den punchenden Gegner durch geschickte Verteidigung ermüden. Doch Duran war konditionell auf der Höhe, ging ein atemberaubendes Tempo und verbiss sich förmlich in seinen Gegner. Nach fünfzehn Runden erklärten die Punktrichter Duran zum Sieger. Sugar Ray Leonard gab danach zu Protokoll, dass Duran seinen Spitznamen »Manos de Piedra« (Fäuste aus Stein) völlig zu Recht trägt. »Jeder Treffer war fürchterlich. Ich übertreibe nicht, wenn ich sage: Jeder Treffer, egal ob am Körper oder am Kopf, kam mir vor, als ob ich einen Ziegelstein abbekommen hätte«, erinnert sich Leonard, und seine Mimik verrät, er kann die Schläge noch heute spüren. Dieses Bekenntnis von Leonard gab den Gerüchten zusätzlich Nahrung, dass Duran seinen Spitznamen erhalten habe, nachdem er als Junge in Panama ein ausgewachsenes Pferd mit einem einzigen gezielten Schlag k.o. schlug.**

werden. Zwar standen die Manager Schlange, doch Leonard wollte lieber die Universität besuchen. Als aber seine Eltern erkrankten, das Geld knapp wurde und er nicht die erhofften Werbeverträge bekam, wurde er doch Profi und stellte sein eigenes Team zusammen. Zu Morton und Jacobs gesellten sich Mike Trainer als Manager und Angelo Dundee als Cutman und Matchmaker.

Im ersten Profikampf besiegte Leonard für die Börse von 40 000 US-Dollar Luis Vega. Zwei Jahre später gewann er die nordamerikanische Meisterschaft im Weltergewicht. Leonard boxte auf allen Fernsehkanälen, hatte keine langfristigen Verträge, sondern suchte sich immer das beste Angebot heraus. Am 30. November 1979 forderte Leonard den bis zu diesem Zeitpunkt unbesiegten Wilfredo Benitez um dessen WBC-Gürtel heraus. Leonard schlug den Champion zweimal zu Boden und gewann in Runde 15 vorzeitig.

Im Alter von 23 Jahren war Sugar Ray Leonard der größte Stern am Boxhimmel. Er war vor allem ein taktierender Boxer, doch strafte er gleich in der ersten Titelverteidigung seine Kritiker Lügen, als er mit nur einem Schlag Dave Green aus dem Weg räumte und sich der Herausforderung des Leichtgewichts-Titelhalters Roberto Duran

Eintrittskarte für den WBA-Kampf im September 1981 (Archiv)

Scherzen über alte Zeiten. Thomas Hearns (l.) trifft Sugar Ray Leonard im Februar 1999, als es wieder einmal um einen WM-Kampf ihrer Gewichtsklasse geht – zwischen de la Hoya und Quartey (siehe Seite 138)

Unterschrieben hat er ohne Handschuhe: Sugar Ray Leonard (Archiv)

stellte. Es war ein Kampf der Willensstärke, und Duran gewann das Duell auf den Zetteln der Punktrichter. Allerdings konnte Leonard nur fünf Monate später Revanche nehmen.

Im September 1981 stieg dann der Kampf, den alle Fans sehnsüchtig erwarteten und den vor allem die Kritiker und die Medien immer wieder gefordert hatten. Leonard hielt den WBC-Teil des Titels, der Gegenweltmeister bei der WBA hieß Thomas Hearns. In einem direkten Duell dieser Beiden würde man den wahren und echten Weltmeister finden.

Hearns begann sehr offensiv, nutze seine größere Reichweite und arbeitete vor allem mit seiner Führhand. Sugar Ray Leonard wurde in die Defensive gedrängt, versuchte es nur ab und an mit einem schnellen Konter. Leonards linkes Auge war von Hearns vielen Treffern bereits früh in Mitleidenschaft gezogen, und nach der zehnten Runde lag Thomas Hearns komfortabel auf allen Punktzetteln mit mindestens drei Punkten in Führung.

Leonard wartete auf seine Kontermöglichkeiten, doch er wartete oft zu lange und konnte die Öffnungen in der Deckung von Hearns nicht nutzen. In der 13. Runde kam Leonard mit einem Treffer auf

die Rippen durch und Hearns schien plötzlich mitgenommen. Leonard setzte nach und brachte nun Hearns in Schwierigkeiten. Die dünnen Beinchen von Hearns versagten beinahe ihren Dienst, er wackelte und stolperte durch den Ring.

Enge Kämpfe werden oftmals auch in der Ecke entschieden und die Ecke von Leonard mit Angelo Dundee war an diesem Abend der klare Sieger. Während Leonard vor der 14. Runde vorbildlich mit allem versorgt wurde, herrschte Chaos bei Hearns. Erst fand man den Stuhl nicht, danach verhakte sich der kleine Hocker in den Ringseilen. Es dauerte fast eine halbe Minute, bis Hearns sich endlich setzen konnte. In Runde 14 bekam Leonard den berühmten zweiten Wind. Er sah die Kondition bei Hearns schwinden und wollte jetzt den K.o. Nach 1:48 Minuten in der vorletzten Runde landete Sugar Ray einen rechten Haken am Kinn von Hearns.

Der schlaksige Amerikaner wackelte und rutschte orientierungslos an den Ringseilen entlang, bis Leonard ihn wieder stellte. Es folgten noch genau vierzehn Schläge ohne Gegenwehr von Hearns, ehe dieser einen schwachen Konter anbringen konnte. Dann gab es noch mal drei harte Treffer von Leonard und einen schweren Haken davon voll auf den Körper.

Ringrichter Davey Pearl stand in sicherer Entfernung, sprang nun aber dazwischen und brach völlig zurecht den Kampf zum Schutz von Hearns ab. Der neue unumstrittene Weltmeister im Weltergewicht hieß Sugar Ray Leonard.

Wegen einer Netzhautablösung im linken Auge begab sich Leonard in ärztliche Behandlung und beendete danach auf Anraten der Ärzte seine Karriere. Es sollten allerdings weitere vier Rücktrittserklärungen mit entsprechend vielen Comeback-Kämpfen folgen, ehe er sich erst im März 1997 nach 36 Siegen, drei Niederlagen und einem Unentschieden endgültig aus dem Ring verabschiedete.

Thomas Hearns, Anfang der achtziger Jahre (Archiv)

Man kann auch zuviel trainieren

Vor dem Kampf hatte es atmosphärische Störungen in der Zusammenarbeit von Hearns und seinem Trainer Emanuel Steward gegeben. Der einstige Musterschüler Hearns wollte dem Trainingsplan seines Trainers nicht folgen und erstellte sein eigenes Programm. »Tommy machte zuviel Konditionstraining und war am Kampftag übertrainiert. Und er hatte ab der zwölften Runde nichts mehr hinzuzusetzen, weil er zu früh Gewicht gemacht hatte. Er lag schon Tage vor dem Wiegen unter dem geforderten Limit. Normalerweise war er da immer noch ein oder zwei Pfund zu schwer. Wegen dieses Fehlers fehlte am Ende die Substanz«, so der frustrierte Steward.

Aaron Pryor vs. Alexis Arguello

12. November 1982 in Miami (USA)

Der legendäre »Ring of Fire«

Herausforderer Alexis Arguello (l.) gegen den Champion Aaron Pryor

Alexis Arguello aus dem mittelamerikanischen Nicaragua hätte der erste vierfache Titelträger in unterschiedlichen Gewichtsklassen werden können. Es war aber nicht etwa so, dass er keinen guten Manager gehabt hätte oder dass gegnerische Promoter dieses Vorhaben verhindern wollten. Es war auch nicht so, dass er zu we-

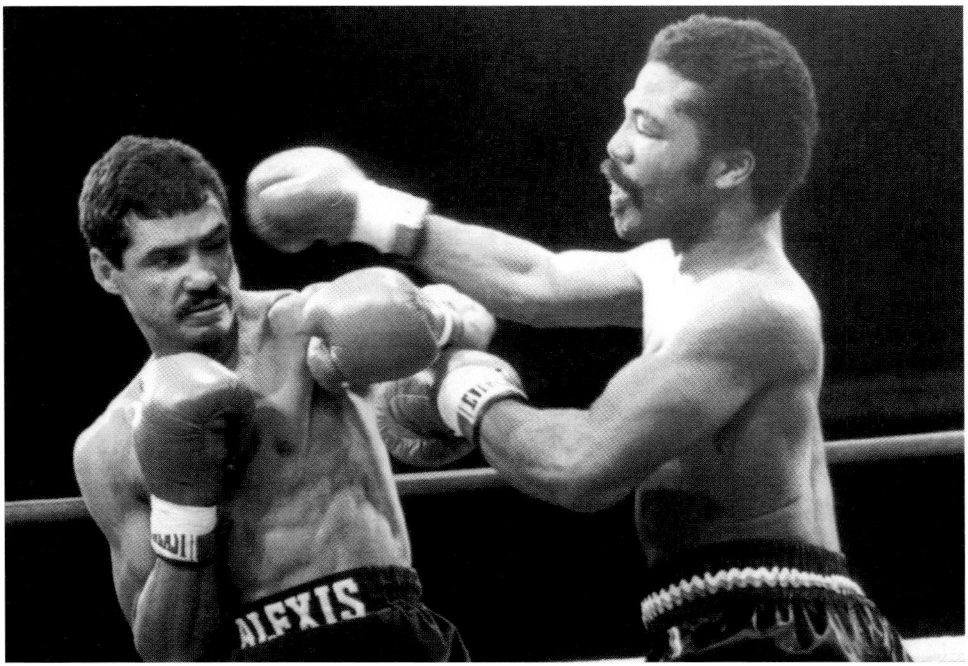

nig Fans gehabt hätte, um dieses Vorhaben auch finanziell erfolgreich zu gestalten. Und schon gar nicht hing es etwa mit den Fernsehsendern zusammen, die seine Kämpfe übertrugen. Alle mochten Arguello, alle hielten ihn für einen Superstar, der Dinge erreichen könnte, die vor ihm noch niemand erreicht hatte.

Er war fleißig und äußerst diszipliniert, hatte sich seine Erfolge hart erarbeitet. Doch manchmal gibt es einfach einen anderen, der noch besser, noch stärker, noch erfolgreicher ist, was in diesem Fall der US-Amerikaner Aaron Pryor war.

Als Weltmeister im Leichtgewicht mangelte es Arguello an qualifizierten Herausforderern, und so wagte er den Sprung in ein Gewichtslimit höher. Da viele andere Boxer Aaron Pryor, dem ungeschlagenen Titelträger der WBA im Superleichtgewicht, aus dem Weg gingen, war ein Kampfvertrag schnell zustande gebracht und die blaue Tinte unter dem zwölfseitigen Dokument besiegelte den »Ring Of Fire«, einen echten Klassiker der Boxgeschichte.

»Selbst wenn Alexis verliert, ist er immer noch Weltmeister. Wenn ich hingegen verliere, wäre alles aus. Für mich gibt es nur zwei Möglichkeiten: Weltmeister bleiben oder für fünf Dollar die Stunde Hilfsarbeiter werden«, erklärte Aaron Pryor seine Motivation für diesen Kampf.

Pryor war ein eigenwilliger Geselle, putschte sich vor seinen Kämpfen selbst auf, indem er laute Musik hörte und sich von seinen Betreuern schon Stunden vor dem eigentlichen Kampf lautstark anfeuern ließ. »It Is Hawk Time« (»Jetzt ist die Zeit des Falken«) rief der gesamte Clan seinen Spitznamen im Chor, während Aaron Pryor dazu schattenboxte und in apathisch anmutender Selbstmotivation mit dem Kopf nickte. Während der eine in der Kabine wie ein wilder Tiger auf und ab marschierte, saß Arguello wie beim Gebet auf einem Stuhl und suchte seine Konzentration in Entspannung und Meditiation.

Doch nicht nur hier wurden die Kontraste sichtbar. Würde man das Leben von Pryor aufschreiben und einem Filmproduzenten als Drehbuch anbieten, würde jeder Regisseur den Kopf schütteln. So viel Negatives kann keinem einzelnen Menschen passieren, das

Zwei Gauner in Miami

Mittlerweile sind die beiden erbitterten Kontrahenten von damals gute Freunde. Mindestens einmal im Jahr treffen sie sich, aber es gibt immer noch eine gewisse sportliche Rivalität. Nur wird diese nicht mehr im Ring ausgetragen, sondern entweder auf dem Golfplatz oder beim Kartenspiel. Und schauspielerische Fähigkeiten haben Pryor und Arguello auch: In einer Folge von »Miami Vice« standen sie einmal gemeinsam vor der Kamera – natürlich als Gaunerduo.

klingt unglaubwürdig. Doch das Schicksal traf Pryor und seine Familie sehr viel härter, als es alle Boxer der Welt je vermocht hätten.

Aaron wird bei einem »One-Night-Stand« seiner Mutter mit dem Mann ihrer besten Freundin gezeugt. Mit acht Jahren wird er von einem Priester sexuell missbraucht und kommt in ein Heim. Seine Schwester bringt zwölf Kinder auf die Welt, allesamt von verschiedenen Vätern. Ein Bruder wird zu einer 135 Jahre langen Freiheitsstrafe wegen bewaffneten Raubüberfalls verurteilt. Pryor verkauft Drogen, nimmt selbst Crack und sieht viele Freunde an dieser teuflischen Droge zu Grunde gehen. Auf Pryor wird geschossen, und die Kugel verfehlt lebenswichtige Organe nur um Haaresbreite. Seine Frau betrügt ihn, verkauft hinter seinem Rücken das Haus und verlässt ihn mit dem gesamten Geld. Pryor denkt sogar schon an Selbstmord, hat nach eigener Aussage bereits die Pistole am Kopf, als sein kleiner Sohn ihn entdeckt und ihn in letzter Sekunde vor dem Freitod rettet.

Das Plakat zum »Ring of Fire« mit den Autogrammen der beiden Rivalen (Archiv)

Was kann so einen Mann noch erschrecken, wovor kann er Angst haben? Vor einem sichtbaren Gegner mit gepolsterten Handschuhen wohl kaum. Nicht einmal, wenn der die Klasse eines Arguello besitzt …

Vor dem Kampf zog sich im Orange Bowl alles in die Länge. Die Veranstalter waren neu im Geschäft und arbeiteten amateurhaft. Während Gloria Estefan vor 23 800 Zuschauern die Nationalhymnen sang, bekamen die Fighter erst im Ring die Handschuhe übergezogen. Aber ab diesem Augenblick stand der Ring tatsächlich in Flammen und der Kampf machte seinem Motto alle Ehre.

Die ersten Runden gehören Pryor, dann kommt Arguello besser in den Kampf. Er landet gute Körpertreffer. Doch wenn er die Führhand schlägt, ist Pryor zur Stelle. Der kleinere Mann taucht unter dem Jab hindurch und trifft mit seinen Haken. Arguello wartet, bringt dann einmal die Rechte als Gerade voll unter. Pryor wackelt und macht einen benommenen Eindruck.

Arguello wird in den mittleren Runden stärker, hat sich gut auf seinen Gegner eingestellt. In Runde 13 dann eine Rechte aus dem

Nichts. Pryor wackelt, muss halten und klammern, sonst wäre der Kampf vorbei.

Arguello schlägt viel, aber auch wild und unkoordiniert, und diese Aktionen kosten viel Kraft. Es ist heiß in Miami, dazu die Hitze der Scheinwerfer für das Fernsehen. Es scheint nur noch Formsache, dass Arguello den Kampf in der vierzehnten und vorletzten Runde zu seinen Gunsten entscheidet.

Doch Pryor kommt frisch und erholt aus der Pause, geht direkt in die Offensive, trifft voll mit Rechts und Arguello hängt verteidigungsunfähig in den Seilen. Noch weitere Treffer, dann springt Ringrichter Stanley Christodoulou aus Südafrika dazwischen und bricht ab. Eine Boxsensation nach einem begeisternden Kampf.

Doch es werden schnell Gerüchte laut, die sich um Pryor-Trainer Panama Lewis drehen. Es ist in der Rundenpause deutlich zu hören, wie er zu einem anderen Betreuer sagt: »Gib mir die Flasche, nicht die normale Flasche, sondern die besondere. Die mit meinem Spezialmix.« Es ist untersagt, etwas anderes als reines Wasser zu trinken. Was also war in dieser Flasche? Sie war bei Nachfrage wenige Minuten nach dem Kampf verschwunden, und so wurde die Frage nie ganz geklärt. Pryor selbst behauptet noch heute, in der Flasche sei ein Pfefferminzöl gewesen, das die Bronchien frei macht und so neue Frische gibt. Nicht nur Arguello-Fans zweifeln an dieser Darstellung.

Es kommt zu einem Rückkampf, bei dem offensichtlich alles mit rechten Dingen zugeht. Wieder beherrscht Pryor das Geschehen und gewinnt die Neuauflage unter neuem Trainer diesmal bereits in der zehnten Runde.

Im Drogenrausch wirft Pryor (Profibilanz: 39 Siege, eine Niederlage) später seine Karriere achtlos weg und verzichtet auf Millionengagen. Ein Vertrag mit Hollywood-Größe Sylvester Stallone wird ebenso gekündigt wie alle Sparverträge. Drogen sind teuer, und Pryor braucht viel davon. Nur durch eine schwere Krankheit und den wiedergefundenen Glauben an Gott kommt Pryor wieder auf den richtigen Weg. Er arbeitet heute als Baptistenprediger und Diakon in seiner Heimatstadt Cincinnati.

Weltmeister Aaron Pryor entscheidet den Fight in der 14. Runde durch technischen K.o.

Während Pryor sich beinahe zu Tode rauchte und spritzte, kämpfte Alexis Arguello, der nach achtzig Siegen und acht Niederlagen mit dem Boxen aufhörte, im Bürgerkrieg Nicaraguas auf der Seite der Contra-Rebellen und war am Ende des Krieges ebenfalls finanziell ruiniert.

In den Geschichtsbüchern der erfolgreichen und unvergessenen Champions stehen Namen wie Muhammad Ali, Sugar Ray Robinson und Rocky Marciano. Doch wenn man in einem Boxlexikon die Begriffe »Entschlossenheit« oder »Durchhaltevermögen« sucht, findet man dort vor allem einen Namen – den von Aaron Pryor.

Marvin Hagler vs. Thomas Hearns

15. April 1985 in Las Vegas (USA)

Die härteste Runde aller Zeiten

»One of the greatest rounds in middleweight history! Eine der besten Runden in der Geschichte des Mittelgewichts!« Die Stimme des amerikanischen Fernsehkommentators überschlug sich beinahe. Gerade war der Schlussgong der ersten Runde ertönt und die 12 500 Zuschauer in der Freiluftarena des Hotels Caesars Palace standen entweder auf ihren Stühlen und schrien vor Begeisterung oder schauten mit weit aufgerissenen Augen und offenen Mündern in den Ring, in dem sich noch vor wenigen Augenblicken sensationelle Szenen abgespielt hatten. Wer auch immer die Weisheit ins Leben gesetzt hatte, dass sich Boxer in den ersten Runden vor allem »abtasten« würden, das Duell zwischen Marvin Hagler und Thomas Hearns kann er damit nicht gemeint haben.

Das Mittelgewicht ist traditionell eine der Lieblingsklassen der Fans und folgt in der Sympathierangliste direkt auf das Schwergewicht. Die Schlagkraft der schweren Jungs, gepaart mit der Beweglichkeit der leichteren Klassen sind ein Garant für hochkarätige Begegnungen. Vor allem, wenn dann auch noch zwei Sportler auf dem Weg zum Superstar-Status aufeinander treffen. Marvin Hagler, der sich seinen Spitznamen »Marvelous«, der »Wunderbare«, als offiziellen Zweitnamen in seinen Ausweis eintragen ließ, galt als harter und böser Hund.

In der dritten Runde am Ziel: Marvin Hagler hat zwei Fäuste frei. Damit kann er jubeln nach einem harten Stück Arbeit (Corbis/Bettmann/Picture Press)

Nach den Rassenunruhen 1967 zog die Familie Hagler von Newark nach Brockton im US-Bundesstaat Massachusetts. Da diese Stadt auch den früheren Schwergewichts-Champ Rocky Marciano hervorgebracht hatte, war der sportliche Weg vorgezeichnet. Hagler,

geboren am 23. Mai 1952, wollte als Kind lieber Baseballspieler werden, doch die Erfolge von Marciano und Floyd Patterson weckten den Traum von Erfolgen im Boxring. Der Weg an die Spitze war nicht einfach, da die meisten Gegner dem hart schlagenden und zähen Rechtsausleger lieber aus dem Weg gingen. Vor allem, als Hagler im erst fünfzehnten Profikampf den früheren Olympiasieger Ray Seales schlug, wurde es immer schwerer, Gegner zu finden. Doch wer ihm auch gegenüber gestellt wurde, Hagler räumte alle seine Gegner aus dem Weg und baute sich eine Aura der Unbesiegbarkeit auf.

Vor dem Kampf gegen Hearns war Hagler nun schon fast fünf Jahre Weltmeister im Mittelgewicht, Hearns dagegen war eine Gewichtsklasse aufgestiegen. Vom ersten Gong an standen Hagler und Hearns Fuß an Fuß in der Ringmitte und suchten den Schlagabtausch. Es flogen so viele Fäuste hin und her, als ob Beiden vorher gesagt worden wäre: »Du hast nur eine Runde, schlage, so oft du kannst.«

Doch die hohe Schlagfrequenz war nicht das einzige, was überraschend war. Auch die Fähigkeit, Treffer zu nehmen, ohne Wirkung zu zeigen, stand auf dem Prüfstand. Und Hearns nahm die linken Haken von Hagler, die sonst die Gegner reihenweise in die Knie zwangen. Im Gegenzug steckte Hagler all die rechten Geraden und Cross-Schläge von Hearns weg, ohne dass sie entscheidend Wirkung zeigten. Sein Kinn war eigentlich legendär, doch bereits nach gut dreißig Sekunden war Hagler zum erstenmal in kleinen Schwierigkeiten. Er wackelte leicht, ganz leicht.

Das war die Chance für Hearns, der sofort nachsetzte. Jetzt nicht nur mit der Rechten, sondern beidhändig. Doch die Kraft raubenden Attacken verfehlten ihre Wirkung, und Hagler konnte sich aus den Ringseilen befreien. Die Schläge von Hearns wirkten nun eine Idee schwächer, das Tempo jetzt einen halben Gang langsamer. Beide setzten und kassierten im Infight Tiefschläge. Doch der Ringrichter verhielt sich ebenfalls weltmeisterlich und ließ den Kampf weiterlaufen, ohne nach jeder kleinen Unsauberkeit direkt zu unterbrechen und zu ermahnen. Hagler wirkte gegen Mitte der Runde

Sie schenken sich nichts. Marvin Hagler (l.) und Thomas Hearns schreiben mit ihren fliegenden Fäusten Boxgeschichte (Corbis/Bettmann/ Picture Press)

wieder erholt. Beide setzten abwechselnd gute Treffer zum Körper. Hager versuchte weiterhin vor allem mit seiner linken Schlaghand und den Haken durchzukommen, Hearns wartete auf die Lücke für den rechten Cross. Dann plötzlich ein kleines Lächeln auf den Lippen von Hearns: Marvelous Marvin hatte eine Cutverletzung oben an der Nase. Mehr und mehr Blut rann aus der Verletzung und verschmierte das Gesicht des Champions.

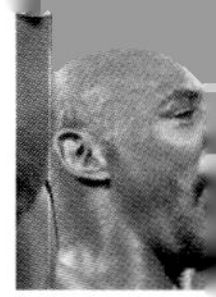

Weltmeister in fünf Gewichtsklassen

Als Amateur schaffte Thomas Hearns nur äußerst selten einen vorzeitigen Sieg, doch unter der Anleitung von Emanuel Steward und einem speziellen Schlagkrafttraining im Kronk-Gym in Detroit wurde Hearns als Profi ein gefürchteter K.o.-Schläger. Er war vor dem Kampf mit Hagler Weltmeister im Welter- und Superweltergewicht und besaß einen beeindruckenden Körperbau, den eine amerikanische Zeitung einmal frech und respektlos als »Bodybuilder-Oberkörper auf Storchenbeinen« beschrieb. Später wurde Hearns noch Titelträger im Mittelgewicht (1987–88), im Supermittelgewicht (1988–91) und Halbschwergewicht (1987; 1991-92). Er ist damit einer von nur drei Boxern insgesamt, die Weltmeister in fünf verschiedenen Gewichtsklassen werden konnten.

Wieder witterte Hearns seine Chance, keine Spur mehr von Müdigkeit oder Frustration. Doch Haglers Wille war ungebrochen, und als der Ringrichter fragte, ob Hagler denn vor lauter Blut noch etwas sehen könne, antwortete dieser: »Wonach sieht es denn aus? Ich treffe ihn ja wohl!«

Keiner blieb einen Treffer schuldig, für jeden Schlag auf den Körper, auf die Brust oder an den Kopf des Gegners gab es einen mindestens gleich harten Treffer zurück. Noch neun Sekunden waren in der ersten Runde zu boxen, als eine perfekt getimte Kombination von Hagler Hearns in die Seile taumeln ließ. Hagler, entschlossen hinterher, wollte mit aller Gewalt das Ende herbeiführen, doch der Gong rettete Thomas Hearns vor weiteren Treffern.

Viele Zuschauer merkten wohl erst jetzt, dass sie vor Begeisterung und ungläubigem Staunen für mindestens zwei Minuten die Luft angehalten hatten. Zweimal wurde tief durchgeatmet, dann gab es minutenlangen Dauerapplaus für die härtesten drei Minuten in der Boxgeschichte. Denn die erste Runde dieses Kampfes gilt nach wie vor als aktionsreichste und dramatischste Runde im Boxsport.

Die zweite Runde gewann Hagler, und in der dritten Runde schlug Hagler die entscheidende Kombination. Dreimal traf er schwer mit der Rechten und brachte Hearns zu Boden. Der Kampf war vorbei und Hagler blieb weiterhin Weltmeister im Mittelgewicht.

Doch wie hart der Kampf wirklich war und was außerhalb des

Rings zum Verlauf beigetragen hatte, kam erst sehr viel später heraus. Hearns-Trainer Emanuel Steward erklärte in einem Interview, dass Hearns vor dem Kampf in seiner Kabine von Freunden noch an den Beinen massiert worden war.

»Solch ein Anfängerfehler hätte niemals passieren dürfen«, ereifert sich Steward noch heute. Der Trainer war zu dieser Zeit nicht in der Kabine, und Freunde von Hearns dachten sich nichts Schlimmes dabei. »Es gibt zwei Dinge, die definitiv unmittelbar vor einem Kampf nicht geschehen sollten: Lange schwimmen und massieren. Beides schwächt zu sehr und zieht alle Kraft heraus.«

Doch es war nicht allein die Massage. Thomas Hearns hatte sich im Schlagabtausch der ersten Runde die rechte Hand gebrochen. Mit schweren Beinen und ohne die volle Kraft in der Schlaghand stand er ab der zweiten Runde gegen den taktisch klug boxenden Hagler auf verlorenem Posten. »Ich will aber Haglers Leistung auf keinen Fall schlecht reden, er war und ist eine fast komplette Kampfmaschine«, lobte Steward den Gegner.

Das Plakat zum Kampf im April 1985 in Las Vegas (Archiv)

Hagler wollte von etwaigen Verletzungen seines Kontrahenten nichts hören. »Solche Fights machen Spaß. Beide gehen gnadenlos durchs Feuer, und am Ende ist einer der Sieger. Wenn man irgendwann meinen Kopf aufschneidet, wird man darin wohl nur einen großen, harten Boxhandschuh finden.«

Der nach wie vor sehr beliebte Hagler lebt als Schauspieler in Mailand und spielte bereits in vielen großen Filmen mit.

Der unterlegene Hearns blieb dem Ring noch lange treu und trat erst im April 2000 verletzungsbedingt zurück, nachdem er sich im Kampf gegen Uriah Grant den Fußknöchel verletzt hatte.

James Buster Douglas vs. Mike Tyson

11. Februar 1990 in Tokio (Japan)

Die größte Überraschung

Was soll ich sagen? Ich habe verloren, er hat gut geboxt. Ich hatte mir angewöhnt, für diese Art Gegner nicht mehr richtig zu trainieren. Eine Zeitlang geht das gut, aber irgendwann reichen fünfzig Prozent nicht mehr aus. An dem Abend hätte mich so gut wie jeder schlagen können. Mann, war ich schlecht.«

Der jüngste Schwergewichtsweltmeister aller Zeiten war zum jüngsten Ex-Schwergewichtsweltmeister geworden. Und er hatte nicht gegen Tyrell Biggs oder Tony Tucker verloren, denen man vor ihren Kämpfen mit Mike Tyson zumindest eine minimale Chance eingeräumt hatte, sondern gegen James Buster Douglas. Gegen einen 42:1-Außenseiter, eine solche Quote hatte es noch nicht gegeben. Aber »Shit Happens«, wie es Tyson in seiner blumigen Sprache formulierte. Im Schwergewicht kann eben ein einziger Schlag alles verändern und auch ein eher mittelmäßiger »Journeyman« hat immer eine Chance. Die Frage ist nur, wie groß sie sich aus seiner Sicht darstellt und ob er sie auch nutzen kann. James Buster Douglas ging ohne sichtbare Angst mit Mike Tyson in den Ring, obwohl sich der als »gefährlichster Mann des Planeten« im Schwergewicht etabliert hatte.

Tyson war die Antwort auf das Flehen der Boxfans, den langweiligen achtziger Jahren bei den schweren Jungs wieder Leben folgen zu lassen. Mit erst zwanzig Jahren besiegte Tyson im November 1986 in Las Vegas Trevor Berbick durch K.o. in der zweiten Runde und holte sich dessen WBC-Titel. Das Bild des hilflos durch den Ring taumelnden Kanadiers legte eindrucksvoll Zeugnis von Tysons gewaltiger Schlagkraft ab.

Oben: Geradezu erwartungsgemäß zählt Ringrichter Octavio Meyran in der achten Runde James Buster Douglas an. Mike Tyson wartet im Hintergrund
Unten: Die Sensation ist perfekt – Tyson geht erstmals in seiner Karriere k.o.; Buster Douglas nimmt ihm den Titel ab
(Archiv)

26 K.o.-Siege in 28 erfolgreichen Kämpfen, Michael Gerard Tyson war auf dem Gipfel. Nicht schlecht für einen gedrungenen Jungen aus Brownsville, einem sozialen Brennpunkt in Brooklyn, New York, mit dem sie in der Anstalt für schwererziehbare Kinder nicht fertig wurden, dessen latente Aggressivität immer wieder unkontrolliert ausbrach und der dann beim legendären Trainer Cus D'Amato in dessen Boxcamp in den Catskill-Bergen Aufnahme fand und von ihm adoptiert wurde. »Cus war der Vater, den ich niemals hatte, er lehrte mich, meine Emotionen zu kontrollieren. Er brachte mir alles bei, was mich zu einem kompletten Kämpfer werden ließ. Und er gab mir den familiären Hintergrund und das gute Gefühl, mich auf jemanden verlassen zu können.« 1987 fügt Tyson dem WBC- noch den IBF- und WBA-Gürtel hinzu und blies in der Folgezeit seine Gegner nach Belieben aus dem Ring. Er war der erste Weltmeister aller Verbände seit Muhammad Ali.

Mike Tyson, aufgenommen 1995

Von James Buster Douglas wurde erwartet, als Nächster die Opferrolle einzunehmen. Aber Douglas hatte andere Pläne. Von Beginn an nutzte er seine enormen Reichweitenvorteile und dominierte Tyson mit seinem Jab und harten rechten Geraden. Tyson, der es gewohnt war, dass seine Kämpfe nicht länger als höchstens über vier oder fünf Runden gingen, versuchte immer wieder, mit nur einem Schlag die Entscheidung zu erzwingen, und ließ seine gefürchteten Kombinationen vermissen.

Die zeigte wiederum Douglas und schüttelte Tyson in der dritten und fünften Runde ordentlich durch. Dann aber schien der Weltmeister endlich seinen Rhythmus gefunden zu haben und brachte Douglas mehrfach in Schwierigkeiten. Der Herausforderer musste clinchen, und Tysons Überlegenheit im Infight wurde immer deutlicher. Die achte Runde: Mit dem Rücken an den Seilen schießt Tyson einen krachenden rechten Aufwärtshaken ab, der Douglas voll am Kinn trifft und ihn zu Boden schickt. Doch Ringrichter Octavio Meyran lässt sich viel Zeit, zählt ausgesprochen langsam und gibt Douglas insgesamt fünfzehn Sekunden, sich wieder zu erholen. Ein zweiter berühmter »Long Count« nach dem zwischen Tunney und Dempsey – und mindestens ebenso kontrovers.

Tyson und die Sprüche

Noch ein paar charmante Zitate von Mike Tyson aus seinem großen Repertoire: »Ich werde Jesse Ferguson sein Nasenbein ins Gehirn treiben.« (1986)
»Steward ist tot, er weiß es nur noch nicht, ich werde ihn im Ring umbringen.« (1990)
»Ich mache Ruddock zu meiner Freundin und küsse diesen Transvestiten auf seine dicken Lippen, das hat er gern.« (1991)
»Ich hasse die ganze Welt, jedermann, alle.« (1995)
»Im Grunde bin ich ein ganz sensibles und zartes Pflänzchen.« (2001)

Der Kampf ging weiter, Douglas war wieder voll da, und Tyson schien sein Pulver verschossen zu haben. In der zehnten Runde bahnte sich dann die Sensation an. Douglas feuerte eine Kombination nach der anderen ab und Tyson wirkte beinahe teilnahmslos. Dann war es soweit: rechter Aufwärtshaken voll im Ziel, linker Haken, rechte Gerade und als Abschiedsgruß noch eine linke Gerade hinterher. Tyson ging schwer zu Boden, bekam zwar ebenfalls ein paar Extra-Sekunden, schaffte es aber nicht wieder rechtzeitig hoch und wurde abgewinkt.

Im Gedächtnis bleiben viele kleine Details: der kurios anmutende Versuch Tysons, sich auf allen Vieren krabbelnd sein Mundstück wieder einzusetzen, der beinahe entgeisterte Gesichtsausdruck von Douglas, als ihn seine Betreuer jubelnd umzingeln, und das entsetzte und zornige Gesicht von Don King, dessen gehätschelte Melkkuh sich soeben für einige Zeit verabschiedet hatte.

King versuchte tatsächlich zu verhindern, dass Douglas zum neuen Weltmeister erklärt wurde. »Der K.o. von Tyson zählt nicht. Der Kampf hätte schon in der achten Runde vorbei sein müssen, als Douglas nach seinem Niederschlag erst nach fünfzehn Sekunden wieder stand. Tyson bleibt also Weltmeister durch K.o. Das sind die Fakten«, keifte King und versuchte alles in seiner nicht geringen Macht Stehende, die Entscheidung dahingehend zu beeinflussen.

Das Plakat zum Kampf im Tokio Dome im Februar 1990 (Archiv)

Aber nach stundenlangen Beratungen erklärten die drei Verbände im Sinne des Boxsports die Tatsachenentscheidung des Ringrichters für gültig und Douglas zum Weltmeister. Die größte Überraschung der Boxsportgeschichte war perfekt, James Buster Douglas hatte den unschlagbar scheinenden Mike Tyson entthront.

»Ich denke, ich war an diesem Abend einfach der bessere Mann. Ich war in exzellenter Verfassung, und Mike war es wohl nicht. Und dass der Ringrichter bei mir so langsam gezählt hat, ist ja nun nicht mein Fehler. Ich habe mir nur die Zeit genommen, die er mir gegeben hat, hätte er schneller gezählt, wäre ich auch schneller wieder hoch gekommen. Mein Kindheitstraum war wahr geworden, unglaublich, und das drei Wochen nach dem Tod meiner Mutter. Die Gedanken an sie haben mich noch zusätzlich beflügelt.«

WBC
J.C.
CHAVEZ

Julio Cesar Chavez vs. Meldrick Taylor

17. März 1990 in Las Vegas (USA)

Nur beim Rücktritt kam er zu spät

Ein Tag hat 86 400 Sekunden, eine Runde im Boxen 180. Ein WM-Kampf über zwölf Runden dauert demnach 2160 Sekunden. Für 2158 Sekunden sah Taylor wie der sichere Sieger im wichtigsten Kampf seiner Karriere aus.

Er war als Favorit in das olympische Boxturnier in Los Angeles 1984 gestartet und erfüllte die hohen Erwartungen mit Bravour. Nach 103 Amateurkämpfen und 99 Siegen wechselte er zu den Profis und sollte dort seine Siegesserie fortsetzen. Er war Weltmeister und im Kampf der ungeschlagenen Superleichtgewichtler mehr als nur ein Geheimtipp auf den Sieg. 2158 Sekunden lief alles nach Plan. Doch selten in der Geschichte war der oft zitierte »Bruchteil einer Sekunde« so umstritten wie in diesem Kampf.

Meldrick Taylor, der am 19. Oktober 1966 in Philadelphia geboren wurde, hatte zum Zeitpunkt des Kampfes 24 Siege bei einem Unentschieden. Er war Titelträger der IBF und hatte zwei erfolgreiche Titelverteidigungen hinter sich gebracht. Die größere Erfahrung und die größere Anzahl an Kämpfen waren klar auf der Seite von Julio Cesar Chavez, dem Gegenweltmeister beim WBC.

Der Mexikaner hatte seit 1980 nach einer nur kurzen Amateurkarriere 68 Kämpfe siegreich bestritten, war dabei im Monatsrhythmus aktiv. Nach dem Titelgewinn im Superfeder- und Leichtgewicht hatte Chavez den etablierten Amerikaner Roger Mayweather geschlagen und seinerseits zweimal den Gürtel verteidigt.

Veranstalter Don King (r.) präsentiert seinen Weltmeister Julio Cesar Chavez nach getaner Arbeit (Corbis/Bettmann/ Picture Press)

Durch die schnelleren und platzierteren Kombinationen lag Taylor nach elf harten Runden auf den Punktzetteln vorne. Taylor

zeigte mehr Aktionen, doch die größere Schlagkraft lag auf der Seite von Chavez. Immer, wenn er durchkam, bemerkte man sofort Probleme bei Taylor. Nach den bisher geboxten Runden war klar: Die Chancen von Chavez lagen allein auf einem vorzeitigen Sieg und einem »Lucky Punch«. Und Chavez gab nicht auf, glaubte an seine Chance und konnte das beinahe Unmögliche tatsächlich noch möglich machen. Er schlug Taylor mit einer rechten Geraden zum Kopf zu Boden. Taylor kam zwar wieder auf die Beine, doch sein Gesicht war geschwollen und blutig und er konnte sich nur mühsam auf den Beinen halten.

Exakt zwei Sekunden vor Rundenende breitete Ringrichter Richard Steele seine Arme über dem dunkelhäutigen US-Amerikaner aus und beendete den Kampf. Nur zwei Sekunden trennten Taylor von seinem größten Sieg. Nur zwei Sekunden trennten Chavez von einer bitteren Niederlage.

»Ein Kampf ist erst vorbei, wenn der Gong zu hören ist«, meinte Chavez, der für seine beherzten Leistungen die Liebe des mexikanischen Volkes als Honorar bekam. Der »Muchismo«, die vor allem in Südamerika verbreitete Art, immer auf Angriff zu boxen, erlebte durch Kämpfer wie Chavez neue Höhen.

Die zwei Sekunden im März 1990 veränderten einschneidend die Boxgeschichte. Taylor war ein gebrochener Mann, der diese Niederlage nie ganz verwinden konnte und zu keinem späteren Zeitpunkt mehr an sein früheres Leistungsvermögen anknüpfen konnte. Auch den Rückkampf gegen seinen mexikanischen Widersacher verlor er, besaß diesmal jedoch keine echte Siegchance. Chavez dagegen zog aus seiner Energieleistung neue Motivation und blieb weitere 22 Kämpfe unbesiegt, verteidigte seinen Titel noch weitere zehn Mal und wurde ein Superstar in Mexiko.

Das erklärte Ziel von Julio Cesar Chavez war, die Schallmauer von hundert Kämpfen ohne Niederlage zu bestehen. Kurz vor dem Erreichen dieses Ziels wurde er abgefangen und verlor in seinem 91. Kampf gegen den US-Amerikaner Frankie Randall, konnte ihn aber im Rematch besiegen.

Trotz dieser Niederlage zählt der am 12. Juli 1962 in Culiacan

Bis zum Rücktritt ausgebuht

Ringrichter Richard Steele wurde nach dem umstrittenen Kampfabbruch fortan bei jeder Vorstellung im Ring vom Publikum ausgebuht. Nach außen zeigte Steele jedoch keine Reue : »Es ist mein Job, die Boxer zu schützen. Ein Schlag zuviel kann zwei Sekunden vor Rundenende genauso gefährlich sein wie eine Minute vor dem Ende einer Runde. Was macht das für einen Unterschied?« Viele Beobachter hatten den Verdacht, dass Steele auf der Gehaltsliste von Don King, dem Promoter von Chavez, stand und daher im umgekehrten Fall wohl eher nicht eingegriffen hätte. Diese Vorwürfe wurden jedoch nie bewiesen und Steele war bis zu seinem Rücktritt im Jahre 2000 über jeden Zweifel erhaben.

geborene Chavez zu den besten Boxern seiner Generation, und sogar Mike Tyson nennt ihn als sein Vorbild. Seine Explosivität und die gefürchteten kurzen Haken machten ihn im September 1984 zum Weltmeister im Superfedergewicht. Er verteidigte seinen Gürtel neun Mal erfolgreich, bevor er 1987 in das Leichtgewicht aufstieg.

Doch auch Chavez verpasste den richtigen Moment des Absprungs. Nach zwei Niederlagen gegen Oscar de la Hoya forderten viele den Rücktritt von Chavez, ehe dieser seine Gesundheit aufs Spiel setzte. Er hörte nicht auf die gut gemeinten Ratschläge, verlor nach peinlicher Leistung gegen einen Aufbaugegner und bekam dennoch eine weitere WM-Chance. Sogar Politiker forderten einen Lizenzentzug von Chavez, um ihn vor sich selbst zu schützen, bevor er gegen den schlagstarken Kostya Tszyu in den Ring kletterte. Da alles nicht fruchtete, konnte der in Australien lebende Russe Tszyu den traurigen Schlussstrich unter die Karriere von Chavez ziehen.

Im Ring bleiben seine großen Erfolge unvergessen: Zum Beispiel boxte er vor der Rekordkulisse von 132 247 Zuschauern in Mexiko Stadt gegen Greg Haugen. Der US-Amerikaner hatte den Fehler gemacht, Chavez zu beleidigen (»Dein Kampfrekord beeindruckt mich überhaupt nicht, der besteht doch zur Hälfte aus Taxifahrern aus Tijuana«, und wurde dafür mit einem brutalen K.o. böse bestraft. Chavez bestritt mehr Titelkämpfe als jeder andere Boxer. 37 Kämpfe um die Weltmeisterschaft sind ein einsamer Rekord der lebenden Legende.

Das Plakat zum Kampf im Hilton zu Las Vegas im März 1990 (Archiv)

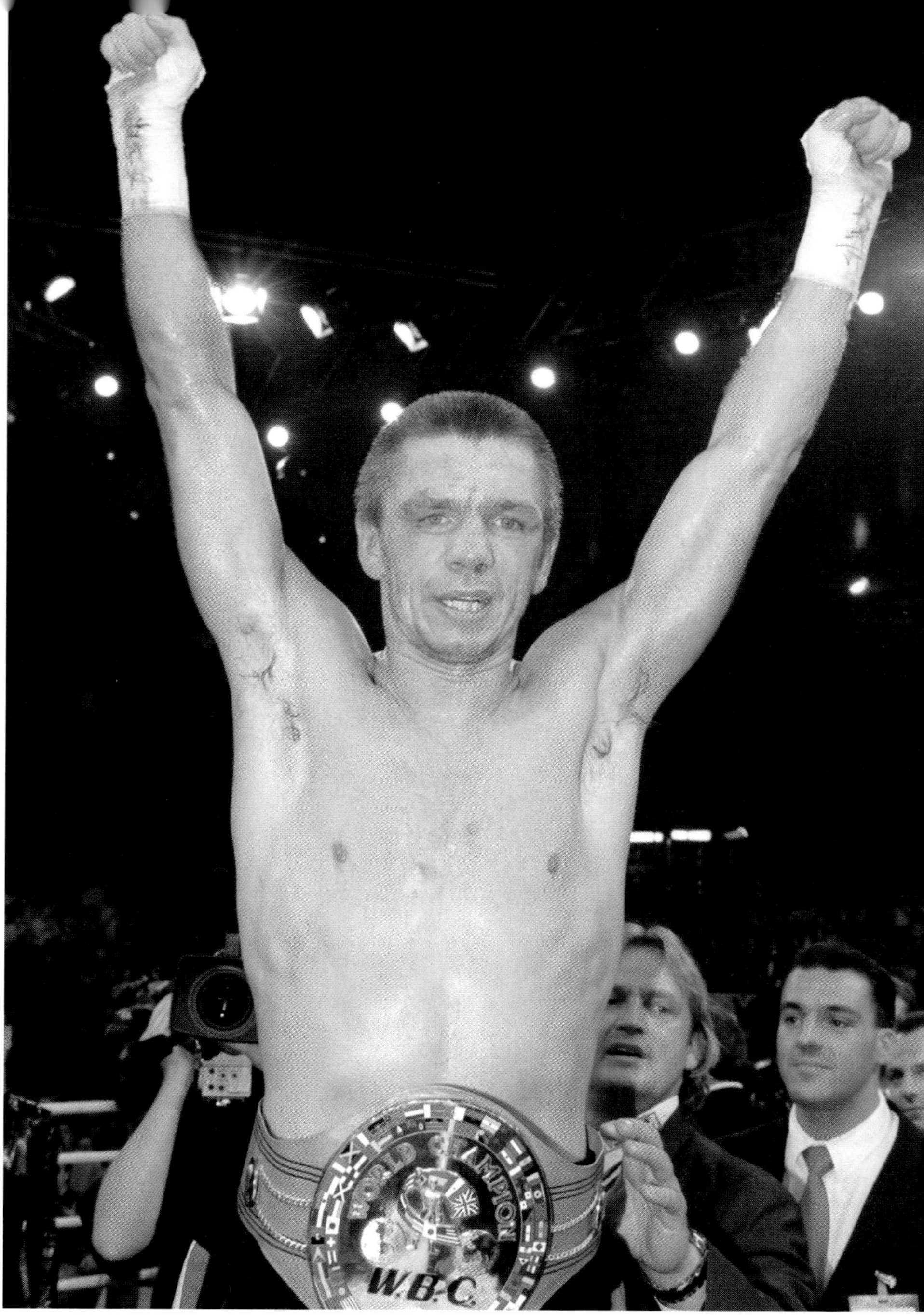
W.B.C.

Graciano Rocchigiani vs. Alex Blanchard

19. September 1991 in Düsseldorf (Deutschland)

Der beeinträchtigte Durchblick

Graciano Rocchigiani konnte auf dem rechten Auge nichts mehr sehen, denn es war völlig zugeschwollen. Die Lippe war dick, aber immerhin war noch eine Art Sehschlitz im auch schon angeschwollenen linken Auge vorhanden. Alle Bewegungen des Gegners waren nur schemenhaft zu erkennen, die eigenen Arme - zur Doppeldeckung vors Gesicht gezogen - standen auch im Weg, um alles einwandfrei zu erkennen.

Dieses Handicap kam nicht völlig überraschend. Ab der zweiten Runde wurde das rechte Auge als Folge der unbarmherzigen Führhand Blanchards immer dicker, dann kam das taube Gefühl in der Lippe hinzu, und seit zwei Runden wurde auch die Schwellung am anderen Auge deutlich größer.

Es war die neunte Runde im Europameisterschaftskampf gegen den Holländer. So etwas wie die »letzte Chance« für beide Boxer. Wohl auch, weil kein Beobachter so genau zu sagen vermochte, ob die besseren Tage der beiden nicht schon lange hinter ihnen lagen.

Das Publikum, knapp 3000 Zuschauer waren in der Düsseldorfer Philipshalle, feuert Graciano an. »Rocky, Rocky, Rocky« hallt es durch die Arena, in der Rocchigiani, am 29. Dezember 1963 in Duisburg-Rheinhausen geboren, vor zweieinhalb Jahren sogar Weltmeister geworden war, damals noch im Supermittelgewicht. Er hatte den Amerikaner Vincent Boulware in der achten Runde geschlagen, den Titel danach dreimal erfolgreich verteidigt. So langsam kamen die besseren Börsen, so langsam hatte sich die jahrelange Quälerei gelohnt.

Graciano Rocchigiani jubelt nach seinem Sieg im WM-Fight gegen Michael Nunn, um danach zu erfahren, dass es gar kein WM-Fight gewesen sein soll

Doch mit dem Erfolg kommen die falschen Freunde und die Auseinandersetzungen mit den Behörden. Rocky trinkt viel, raucht auch die eine oder andere Droge. Im März 1990 wird er zu dreißig Monaten Haft verurteilt. Der Vorwurf lautet auf Menschenhandel und versuchte räuberische Erpressung. Erst im Januar des folgenden Jahres wird er von allen Vorwürfen freigesprochen.

»Rocky,Rocky, Rocky«, rufen die Zuschauer, als ob sie dem sichtlich mitgenommenen Boxer ein dritter Arm sein wollen. Wenigstens die Ohren funktionieren noch, wird sich Rocchigiani gedacht haben, vielleicht hat er auch gar nichts gedacht, denn er musste sich verteidigen. Die Führhand von Blanchard, schnell die Deckung hoch. Bloß keine weiteren Treffer mehr auf das dicke Auge, hatte Trainer Wolfgang Wilke in der letzten Pause zu ihm gesagt. Das wäre gleichbedeutend damit, nicht mehr zu schlagen.

Doch er muss schlagen, will gewinnen und diese möglicherweise letzte Chance ergreifen. Mit dem Rest des halbwegs geöffneten Auges beobachtet Rocky im Clinch den Ringrichter, der jede Runde mit immer sorgenvollerer Mine auf die Schwellungen in Rocchigianis Gesicht schaut. Er versucht zu Lächeln, um anzuzeigen: »Ist alles nicht so schlimm.« Doch der Ringrichter sieht das anders. In der Pause hat er es erst Rockys Ecke und danach dem offiziellen Kampfgericht zu verstehen gegeben, dass er abbrechen wird, wenn Rocchigiani noch weitere Treffer auf das Auge bekommt.

Aber wer zahlt dann seine Rechnungen? Wer gibt ihm eine weitere Chance? Das darf nicht passieren. Der eigene Bruder Ralf hat schon gegen Blanchard verloren, nach Punkten vor fast fünf Jahren, auch damals ging es um einen Europatitel. Also weiter. Rocky geht nach vorne, schlägt auf Alles, was sich vor ihm bewegt. Und die Rechnung geht auf: Der Instinktboxer Rocky findet die richtige Distanz, merkt, wie die Schläge beinahe von alleine ihr Ziel finden und legt alles in diese eine Kombination. Den gesamten Frust, den Ärger, die Hoffnung. Und er trifft. Blanchard wackelt, völlig überrascht von den Attacken eines eigentlich doch bereits Geschlagenen. Blanchard wankt, wird noch mal schwer getroffen – und »Rocky« ist am Ziel. Sieger durch technischen K.o. in der 9. Runde!

»Wofür braucht ein Rocky Augen, wenn er solch ein Herz hat!«, jubeln die Zeitungen und freuen sich über die Wiedergeburt eines Unbeugsamen. Doch er bleibt unberechenbar. Nach dem härtesten Kampf seiner Karriere tritt er zurück, kehrt erst über zwanzig Monate später in den Ring zurück. Der Titel ist futsch, es folgen zähe Aufbaukämpfe, ehe es wieder zu einem Titelkampf kommt.

Doch in Berlin wird der in der Rechtsauslage boxende Rocky von den Punktrichtern verschaukelt, verliert gegen Chris Eubank, den WBO-Champion im Supermittelgewicht, nach Punkten. Rocky schimpft und kreiert eine neue Bedeutung für das Kürzel WBO: »Anstatt World Boxing Organization sollten die sich lieber ›Witz und Betrüger Organisation‹ nennen.« Es folgt ein neuer Anlauf um die Europameisterschaft und ein glückliches Unentschieden gegen den Franzosen Seillier. Karriereende? Keineswegs. Denn Henry

Rocky mit Herz gegen den Gentleman aus dem eigenen Land, Henry Maske, der besonders in der vierten Runde einiges einzustecken hat

Maske, der neue deutsche Boxheld, sucht gerade einen Gegner, da kommt Rocky richtig.

Das Duell mit Maske zeigte einen Rocky im dritten Frühling. Er hat Maske am Boden und wird moralischer Sieger, auch wenn das Punktgericht es wieder anders sieht.

Der Rückkampf geht mit einer Rückenverletzung klar verloren, dafür gibt es das Duell mit einer anderen Reizfigur. Dariusz Michalczewski, der WBO-Champion im Halbschwergewicht, will Graciano klar besiegen, um damit seine Ambitionen auf einen Kampf mit Henry Maske zu unterstreichen. Doch Rocchigiani hat sich mit dem amerikanischen Erfolgscoach Emanuel Steward sehr gut vorbereitet. Am Hamburger Millerntor wird der »Tiger« Michalczewski schon vor dem Kampf überraschend ausgepfiffen.

Auch im Ring ist das Kräfteverhältnis schnell deutlich. Graciano boxt aus einer sicheren Deckung heraus, trifft oft mit der Führhand und dem linken Cross. Michalczewski wirkt gehemmt, kommt nicht in den Kampf. In der siebten Runde eine undurchsichtige Szene. Beide Boxer stehen im Clinch, es kommt das Trennkommando des wohlbeleibten amerikanischen Ringrichters.

Durch den Geräuschpegel hört Rocky das Kommando nicht, schlägt einen Haken an die Schläfe Michalczewskis. Der wankt durch den Ring, versucht sich an den Seilen festzuhalten und geht dann zu Boden. Der Ringrichter zählt bis acht und hört dann einfach auf. Am Ring entsteht hektische Betriebsamkeit, die Offiziellen des Weltverbandes suchen eine Entscheidung.

Würde auf »absichtliches Foul« erkannt, müsste man den Berliner disqualifizieren, dann wäre in der Arena aber der Teufel los. Würde auf »Unfall« erkannt, könnte man auf die Punktezettel gehen, dann würde Graciano gewinnen. Das Urteil hieß jedoch »technisches Unentschieden«, womit der »Tiger« weiter Weltmeister blieb.

Erst nachträglich, per Telefax aus dem Büro des Weltverbandes auf Puerto Rico wird Rocchigiani das endgültige Urteil mitgeteilt: Das »Unentschieden« wurde revidiert, Rocky nachträglich disqualifiziert. Ein schmeichelhaftes Urteil für Michalczewski, ein weiteres blaues Auge für Rocchigiani.

Rocky II – Ein Weltmeister im Schongang

Auch Gracianos Bruder Ralf kam zu Weltmeisterehren. 1992 hatte er eine WM-Chance gegen Tyrone Booze nicht genutzt. Aber am 10. Juni 1995 besiegte er völlig überraschend in Manchester den Lokalmatadoren Carl Thompson durch technischen K.o. und holte sich den WBO-Titel im Cruisergewicht.
Der Kneipier aus Berlin, in dessen Kampfrekord erstaunliche sieben Unentschieden stehen, hatte es nach eigener Aussage »mal mit Training versucht« und war von Fritz Sdunek auf den Punkt vorbereitet. In einem packenden Gefecht hatte Ralf seinen Gegner drei Mal am Boden, musste sich aber selber auch zum ersten und einzigen Mal in seiner langen Karriere ein Mal anzählen lassen. In der elften Runde gab der Engländer dann mit einer ausgerenkten Schulter auf.
Im Rückkampf wurde Rocchigiani von Thompson 1997 klar nach Punkten besiegt und trat zurück, hatte aber inzwischen mit sechs meist leichten Titelverteidigungen gutes Geld verdient.

Rocky gegen Dariusz Michalczewski im August 1998: Das Ende kommt in Runde sieben - erst als »technisches Unentschieden«, später dann aus Übersee vom Weltverband als nachträgliche Disqualifikation Rocchigianis

Im März 1998 besiegte Rocchigiani den Amerikaner Michael Nunn im Kampf um die vakante WBC-WM im Halbschwergewicht. Nach all den Tiefschlägen konnte er endlich erleichtert sein: »Jetzt gibt es doch noch Gerechtigkeit im Leben - und sogar im Boxen.« Doch wieder schlug die Boxpolitik gnadenlos zu. Der Kampf wurde im Nachhinein zu einem »Interims-Titelkampf« degradiert, da man sich von Roy Jones jr. als Titelträger mehr Geld versprach. Wieder gab es keinen Titel für Rocky.

Es folgte eine zweite Niederlage gegen den »Tiger« und ein halbherziger Comeback-Versuch, der wiederum hinter Gittern endete. Das Berliner Landgericht schickte Graciano im Juli 2001 für zwölf Monate ins Gefängnis und bestätigte damit ein Urteil des Amtsgerichtes. Dieses hatte, nach einer Schlägerei und einem Verkehrsunfall, die Bewährung für Rocchigiani aufgehoben.

Rocky hat Herz. Und er besitzt Stolz, diesen unsichtbaren Knochen, der den Kopf aufrecht hält, auch wenn das Klima rauh ist. Rockys Leben schreit nach einer Verfilmung, und ein erneutes Comeback scheint trotz aller Widrigkeiten nie ausgeschlossen.

Christinen
Brunnen

Henry Maske vs. Charles Williams

20. März 1993 in Düsseldorf (Deutschland)

Box-Boom dank des »Gentleman«

Er war der Held einer neuen Boxelite. Nicht der typische Boxer mit dem anrüchigen Image eines sprücheklopfenden René Weller. Henry Maske war anders als das Bild, das die meisten mit einem Boxer verbanden. Markante Gesichtszüge statt Blumenkohlohren und wohlüberlegte Aussagen statt platter Sprüche.

»Ich jubele nicht, wenn der andere blutet«, über seinen Kampfstil oder auch »Der Kopf ist für mich nicht das Ziel, sondern der Ursprung«. Der Feintechniker Maske artikuliert sich akademisch und so boxt er auch. Das hatte ihm schnell den Ruf des Langweilers eingebracht. Der Filigrane sprach gerne von »klaren Konzeptionen«, »taktischen Marschrouten« und »Akzenten, die man setzen müsse«. Böse Zungen lästerten über seinen defensiven Stil. Langweilig sei er, einschläfernd und zu amateurhaft.

»Die Zuschauer müssten Schmerzensgeld erhalten«, so Ex-Weltmeister Eckhard Dagge. »Die Fans sehen Henry nie siegen, weil sie vorher eingeschlafen sind«, urteilte René Weller. Der Letztgenannte ging dann aber doch zu beinahe jedem Kampf Maskes.

Kein glückliches Ende für den Mann, der das Boxen in Deutschland salonfähig machte: Henry Maske verliert seinen letzten Profi-Kampf als einzigen in seiner Karriere und geht dennoch im aufrechten Gang aus dem Ring

Maskes Glück war seine Partnerschaft mit TV-Sender RTL. Und dessen PR-Maschinerie begann immer stärker zu laufen. Zunächst jedoch mit leichten Fehlzündungen. Der erste Spitzname, den man Maske zur besseren Vermarktung gab, passte nicht. So wurde aus »Weißer Tiger« Maske schnell der »Gentleman«. Ein echter Volltreffer, an diesem Namen fand auch Maske selbst Gefallen, er passte zu seiner Selbsteinschätzung: »Ich bin eine Mischung aus preußischem Sozialismus und brandenburgischem Kleinbürgertum.«

Bereits als Amateur gewann Maske jeden Pokal, besiegte 163 seiner 181 Gegner und wurde dreimal Europameister, Weltmeister und Olympiasieger 1988. Bei seinem ersten Profigegner bemerkte Maske in einem umgebauten Kino in London »nicht den geringsten Siegeswillen«. Nach 54 Sekunden bezwang Maske einen übergewichtigen Mexikaner durch K.o.

Im zwanzigsten Kampf als Profi bekam Maske erstmals die Chance auf den WM-Titel. Vorangegangen waren Probleme bei der Terminierung, weil der amerikanische Weltmeister »Prince« Charles Williams sich in der Vorbereitung zweimal die Hand brach und die Kämpfe abgesagt wurden. Die »heiße Phase« für den Kampf in der Düsseldorfer Philipshalle verlief alles andere als optimal. In das Trainingscamp wurde eingebrochen, Maske beschwerte sich über zu schwache Sparringspartner.

Der Gegner war ein erfahrener Haudegen. »Prince« Charles Williams hatte 39 Kämpfe bestritten und stand vor seiner neunten Titelverteidigung. Er war als 16-Jähriger Profi geworden, wobei er mit einer Punktniederlage in sein Boxerleben gestartet war und für kleine Börsen durch die Ringe der amerikanischen Boxprovinz tingelte, ehe er im Oktober 1987 seinem Landsmann Bobby Czyz den WM-Gürtel der IBF abnahm.

Im Fight mit Maske sollte der Amerikaner seine mit Abstand höchste Börse kassieren, umgerechnet etwa 800 000 Mark. Die Gage des Herausforderers wurde mit bescheidenen 100 000 Mark angegeben.

Henry Maske stieg im neuen königsblauen Boxermantel aus Seide in den Ring. Daraus erwuchs ein Ritual: Die Mäntel wurden nach seinen Kämpfen meistbietend zu Gunsten karitativer Einrichtungen versteigert und erbrachten sechsstellige Beträge. Es war das erste Mal, dass ein Kampf mit Maske auf die Distanz von zwölf Runden angesetzt war.

In der zweiten Runde öffnete sich ein kleiner Cut am Auge des Herausforderers, aber Cutman Dennie Mancini hatte alles im Griff und verklebte in der Rundenpause den Riss fachmännisch. Williams wechselte die Auslage, stand nun wie Maske als Rechtsausleger da.

Boxen wieder »in«

Was nach dem Williams-Kampf folgte, wurde Stück für Stück große Fernsehgeschichte. Zehn erfolgreiche Titelverteidigungen, Fotoaufnahmen, Modetermine und eine CD, die in die Charts stürmte. Maske kochte bei Alfred Biolek einen Kohlrübeneintopf mit märkischer Einlage und setzte neue Quotenrekorde im TV. Es war der Beginn des großen Boxbooms in Deutschland und des Gigantismus bei den Fernsehsendern RTL und Premiere, die sich gegenseitig mit immer ausgefalleneren Ideen für Show-Acts und Einmärsche zu überbieten versuchten.

Im zwanzigsten Kampf holt »Sir Henry«, der Herausforderer, die WM-Krone vom Haupt des Charles Williams (l.)

Doch es nützt nichts, die Anfangsoffensive des Amerikaners überstand Maske ohne Probleme.

In der vierten Runde gab es eine Verwarnung wegen Kopfstoßes, doch Maske ist sich hier seiner Sache schon sehr sicher. »Schon nach drei Runden wusste ich, dass es klappen würde«, erklärte Maske nach dem Kampf. Williams zweifelte nicht an sich, aber er verzweifelte an Henry Maske. Der ließ den Weltmeister immer wieder ins Leere laufen und Luftlöcher schlagen. Maske war schnell auf den Beinen, mit offenbar unerschöpflicher Kondition.

Nach zwölf Runden werteten die Punktrichter deutlich für den neuen Weltmeister. Marcel Roulox aus Belgien hatte ein 118:110, sein deutscher Kollege Heinrich Mühmert errechnete ein 116:111 und der Amerikaner Robert Exton sah es am knappsten mit 115:111.

Vierte Titelverteidigung Maskes im Juni 1994 nach Version der IBF durch einen einstimmigen Punktsieg gegen Andrea Magi (l.) aus Italien

»Ich habe alles gegeben, Henry hat immer eine Antwort gewußt«, diktierte der entthronte Weltmeister den Reportern in die Notizblöcke. Henry Maske gab seinem Gegner nach der Sieger-Zeremonie gar den WM-Gürtel zurück. Als Zeichen des Respekts solle er ihn behalten. »Ich werde vom Verband schon einen neuen bekommen.«

Beim WM-Gewinn waren noch 6000 Zuschauer in der Halle und 4,64 Millionen an den Fernsehgeräten. Die Zahl der TV-Zuschauer wuchs mit jedem Kampf, erreichte 12,9 Millionen beim ersten Kampf gegen Graciano Rocchigiani, in dem Maske arge Probleme hatte, sogar zu Boden ging und am Ende ein schmeichelhaftes Punkturteil zu seinen Gunsten zugesprochen bekam. Den dadurch angeheizten Rückkampf wollten 17,59 Millionen Zuschauer sehen. Diesmal gab es keine zwei Meinungen. Maske beherrschte Rocky, ließ ihm keine Chance und punktete ihn mit der Präzision eines Uhrwerks sicher aus.

Den Abschiedskampf Maskes gegen Virgil Hill im November

1996 in der Münchner Olympiahalle erlebten 17,5 Millionen Deutsche vor den Fernsehgeräten mit. Maske fühlte sich als Sieger gegen den amerikanischen Gegenweltmeister Hill, doch zwei der drei Punktrichter sahen das anders. Nur einer wertete für den Deutschen, die beiden anderen votierten für den amerikanischen WBA-Champion, der durch den Sieg über Maske noch den IBF-Gürtel hinzugewann.

»Nun haben uns die Amerikaner wieder da, wo sie uns haben wollen« – Maskes Rundumschlag gegen die Punktrichter und die Vermutung einer Verschwörung auf der anschließenden Pressekonferenz sollte man der tiefen Enttäuschung zurechnen. Er wollte zum Abschluss seiner beispiellosen Karriere ein dickes Ausrufzeichen setzen, heraus kam ein unbefriedigender Punkt.

Maske hatte in allen Bereichen einen Status erreicht, der ansonsten eher Schauspielern oder Popstars zugedacht ist. Es war eine Karriere voller Glanzlichter, die Maske auf den Ringboden gezaubert hatte und die das deutsche Boxen einen riesigen Schritt nach vorne brachte. Und fast fünf Jahre nach seinem Rücktritt verlieh ihm Bundespräsident Johannes Rau im September 2001 das Bundesverdienstkreuz.

Virgil Hill (r.) setzt Henry Maske in dessen Abschiedskampf mächtig zu und gewinnt nach zwölf Runden mit einer 2:1-Punktrichter-Entscheidung

MOORER
VERSUS
FOREMAN
WORLD HEAVYWEIGHT CHAMPIONSHIP
NOVEMBER 5, 1994
Fighters subject to change.

George Foreman vs. Michael Moorer

5. November 1994 in Las Vegas (USA)

Das irrste Comeback

Es gibt in der englischen Sprache den schönen Begriff des »Sentimental Favourite«. Damit gemeint ist eine Person, der man den Erfolg aus emotionalen Gründen wünscht, die aber unter normalen Umständen keine Chance hat

15 317 Träumer strömten an diesem Novemberabend ins MGM Grand, um George Foreman bei seinem definitiv letzten Anlauf zu einem WM-Titel zu unterstützen. Selbst die kleine Anhängerschaft Michael Moorers konnte eine gewisse Sympathie für »Big George« nicht verhehlen. Ein 45-jähriger überdimensionaler Teddybär versuchte, einem 26-Jährigen auf dem Höhepunkt seiner Karriere und athletischen Fähigkeiten den Titel abzunehmen. Ein eigentlich unmögliches Unterfangen.

Eine Dreiviertelstunde vor dem Kampf klopfte es an der Tür von Foremans Umkleidekabine, in der sich der Herausforderer gerade mit Schattenboxen warm machte. Eine Aufnahmeleiterin des übertragenden amerikanischen Fernsehsenders fragte ihn, ob er sich eine spezielle Musik für seinen Weg in den Ring wünschen würde.

Es ist das erste Mal, dass ihn jemand nach etwas derartigem fragte. Foreman war überrascht, gab der Frau dann aber eine Kassette von Sam Cooke, zu der er in den vergangenen Wochen beim Training sein Seilspringen absolvierte und die ihn immer in gute Stimmung versetzt hatte.

Das Plakat sagt alles, nur die Entscheidung nicht, die am Ende alle überrascht (Archiv)

Dann war es Zeit, die Arena zu betreten. Foreman trug einen grauen Kapuzenpulli und dieselbe Hose, die er auch bei seiner Niederlage gegen Ali getragen hatte. Zu den Klängen von »If I Had

A Hammer« wurde er vom frenetischen Jubel der Zuschauer begrüßt, die ganze Halle stand auf. Er war zum Symbol all jener geworden, die auch nicht mit gerade mal über vierzig Jahren schon zum alten Eisen gehören wollten. Er war, wie es sein Promoter Bob Arum einmal formulierte, zum »König der Herzen« geworden.

Aber wie war es dazu gekommen? Als Kind und junger Mann war Foreman unausstehlich und gewalttätig. Er hatte keinen Respekt vor dem Eigentum anderer, stahl sich zusammen, was er benötigte, schlug Menschen völlig grundlos, andere beraubte er bei Überfällen auf offener Straße. Schon früh begann er zu Rauchen und sich täglich mit billigem Rotwein zu betrinken. Dann zog er mit Freunden los und warf wahllos Scheiben in der Nachbarschaft ein, er lebte in einem Vorort von Houston im US-Bundesstaat Texas. Das Thema Schule interessierte ihn überhaupt nicht, höchstens das Gängeln der Klassenkameraden. Das wurde seinen Lehrern bald zuviel, und sie warfen den ständigen Störenfried hinaus. George Foreman hat noch nicht einmal die Grundschule abgeschlossen, und obwohl seine Familie sehr religiös war, hatte George auch damit nichts am Hut. Religion war etwas für Schwächlinge, die am Leben gescheitert waren und es nur mit dieser Krücke weiter schafften. Niemand, zu dem George aufsah, war religiös.

So landete er fast zwangsläufig in einer Anstalt, die einer Mischung aus Arbeitsbeschaffungsprogramm und Besserungsanstalt gleichkam, in der es auch ein Box-Gym gab. Darum wissend, dass er seine Aggressivität und Gewaltbereitschaft zumindest in kontrollierte Bahnen lenken musste, fragte er »Doc« Broadus, den Leiter der Sportaktivitäten der Anlage, ob er bei ihm Boxen lernen dürfe. Der schaute ihn an und meinte: »Die Figur dafür hast du, und hässlich genug bist du auch. Lass uns anfangen.«

Broadus wurde Foremans erster Trainer und machte aus dem wilden Schläger einen Boxer, dessen Ziel es wurde, an den Olympischen Spielen in Mexiko teilzunehmen.

Im Januar 1973 wurde Foreman Weltmeister bei den Profis. In Kingston auf Jamaika besiegte er Joe Frazier nach anfänglicher Nervosität in der zweiten Runde nach insgesamt sechs Niederschlägen durch K.o. »Mein neuer Trainer Archie Moore hatte mir eingeschärft, ihm beim Handshake vor dem ersten Gong ganz fest und böse in die Augen zu schauen. Das sollte ihm Angst machen. Ein Glück hat Joe nicht nach unten geschaut, dort hätte er nämlich meine Knie schlottern sehen.«

Gut ein Jahr später stand Foreman vor einer vermeintlich schweren Aufgabe. Der Modellathlet Ken Norton galt als schnell und schlagstark und hatte schon einmal Muhammad Ali besiegt und dem dabei den Kiefer gebrochen. Doch auch diesmal benötigte Foreman nur zwei Runden, um Norton vernichtend zu schlagen – seine Dominanz war furchteinflößend. Norton erinnert sich: »Nach dem Kampf hatte ich das Gefühl, ein paar Mal vor einen Güterzug gelaufen zu sein.«

George Foreman findet die Lücke in der Deckung und landet eine harte Rechte im Gesicht von Michael Moorer

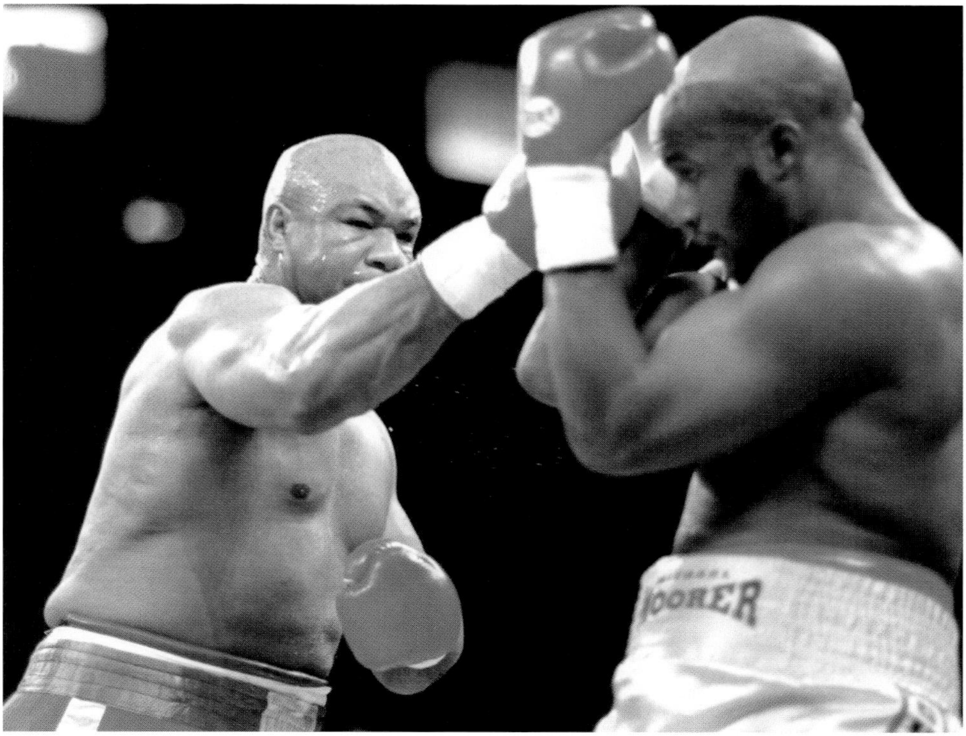

Der »Rumble In The Jungle« im Oktober 1974 wurde zum Thema großer Bücher wie »The Fight« von Norman Mailer oder großer Filme wie dem oscargekrönten »When We Were Kings« und wird immer wieder herangezogen, wenn es darum geht, den Mythos des Boxens zu illustrieren. Ali, der Techniker, gegen Foreman, den Puncher. Und auch sonst könnten die Beiden unterschiedlicher nicht sein. Alle Klischees wurden bedient: Religiosität gegen Heidentum, Gut gegen Böse, Schlau gegen Einfältig. Für alle war etwas dabei.

Im März 1977 verlor Foreman seinen zweiten Profifight. Bei brütender Hitze unterlag er Jimmy Young nach Punkten. Nach dem auszehrenden Kampf hatte er in der Kabine eine göttliche Erleuchtung, wie er es nannte. Er gab seinen Rücktritt vom Boxsport bekannt und begann seine zweite Karriere: als Prediger. »Ich dachte, ich würde sterben, so war ich am Ende meiner Kräfte. Ich war in einer anderen, mir fremden Bewusstseinsebene. Dann sprach Gott zu mir und forderte mich auf, in Zukunft sein Diener zu werden. Er rettete mein Leben, ich spürte seine enorme Macht, sie durchfloss meinen Körper, der von nun an ihm gehörte.«

Die, die ihn von früher kennen, sind nicht selten erstaunt, welche grundlegende Charakterwandlung sich bei Foreman vollzogen hat: Vom Tier im Ring zum Missionar auf der Kanzel. Der ehemalige arrogante Haudrauf ist nun ein weltoffener, sympathischer Gentleman. Nach jedem Gottesdienst verabschiedet Foreman seine Schäfchen persönlich vor der Tür und gibt ihnen ganz individuell noch etwas mit auf den Weg, besonders Kindern widmet er seine Zeit.

Aber 1987, nach zehn Jahren Pause, juckte es ihn wieder. Es war der Beginn seiner dritten Karriere, und er wollte unbedingt noch ein zweites Mal Weltmeister werden. In knapp fünf Jahren verbuchte er 24 Siege, 23 davon durch K.o., und mit jedem Sieg wurde die Diskussion über eine WM-Chance weiter angefacht. Bis es im April 1991 endlich soweit war:

Der »Kampf der Generationen« zwischen ihm und Evander Holyfield in Atlantic City stand an, und George, der inzwischen sowohl das Spiel mit den Medien als auch die Gesetze des Showgeschäfts

Der gealterte George Foreman mit Trainingsgerät, dazu sein Autogramm (Archiv)

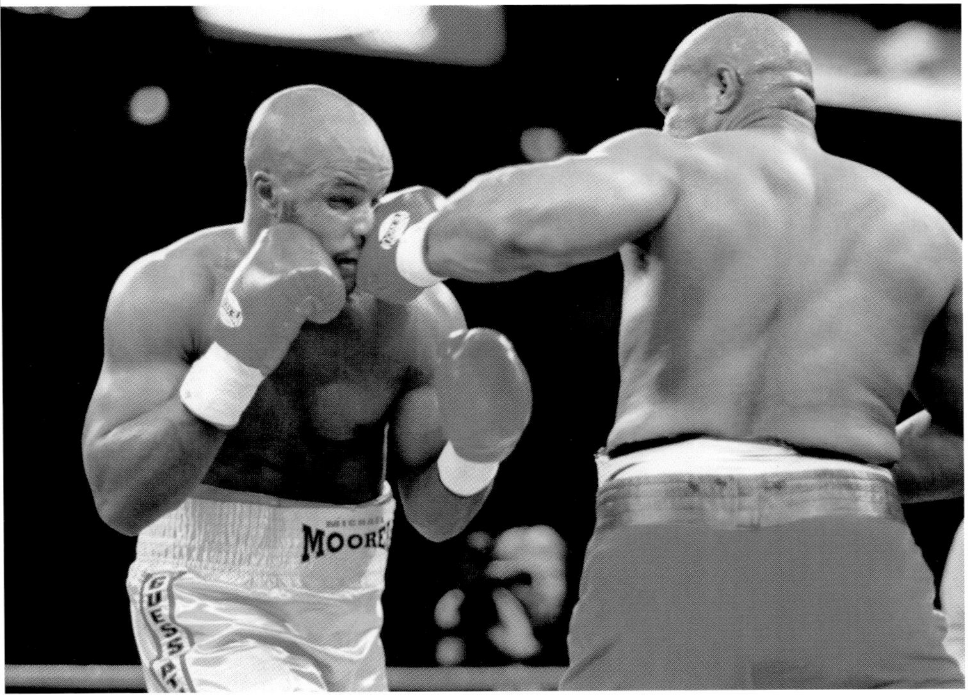

Auch wenn Moorer Foreman beherrscht, sieht dieser nie so alt aus, wie er wirklich ist. Foreman will es zwanzig Jahre nach seiner Niederlage gegen Ali in Kinshasa noch einmal wissen

beherrschte, machte daraus ein riesiges PR-Spektakel für seine Person. Vor 18 000 Zuschauern zeigt Foreman einen großartigen Kampf und eine beherzte Leistung, aber am Ende gelingt Holyfield ein knapper, aber verdienter Punktsieg. Diese Niederlage tat Foremans Popularität aber keinen Abbruch. Er wird Werbeträger diverser Firmen, Co-Kommentator beim Fernsehen, entwirft seinen eigenen Diätgrill und bekommt sogar eine eigene Comedy-Show.

Aber das Boxen lässt ihn nicht los, und als er Michael Moorer beobachtet, wie er Evander Holyfield auspunktet, da ist ihm klar: »Den Jungen kann ich schlagen.«

Seinem Promoter Bob Arum gelingt es tatsächlich, die Moorer-Crew um John Davimos und ihrem Promoter Dino Duva von Main Events zu der Auseinandersetzung mit seinem Schützling zu bewegen. Die WBA wollte den Kampf zwar zunächst nicht sanktio-

nieren, aber nach einer eingehenden medizinischen Untersuchung des alten Herrn und einigem juristischem Hickhack stand dem Fight nichts mehr im Wege.

Die Runden glichen sich, Moorer beherrschte Foreman, dominierte mit seinem Jab, und die Zuschauer wurden immer stiller. Das war genau das, was sie nicht sehen wollten, dass Moorer Foreman so alt aussehen lässt, wie er tatsächlich ist. Die einzig spannende Frage war, wie Moorer reagieren würde, käme Foreman einmal voll durch. Aber danach sah es nicht aus. Außer einem kleinen Strohfeuer in der sechsten Runde wurde Foreman klassisch ausgeboxt und lag nach Punkten aussichtslos hinten, als er nach neun Runden in seine Ecke kam. Dort standen Charley Shipes und Angelo Dundee, 1974 originellerweise noch der Trainer von Ali. Und jener Dun-

Zehnte Runde. Nach einer Minute und fünfzig Sekunden schägt es am Kinn von Moorer ein, er geht schwer zu Boden, und George Foreman ist der älteste Schwergewichts-Weltmeister aller Zeiten

Lachen mit George

Pressekonferenzen mit Foreman gerieten oft zum Happening. Als ihn Moorers Trainer Teddy Atlas zum Beispiel einmal auf dem Podium bedrängte und provozierte, ihn sogar schubste und anpöbelte, weil ihm Big Georges Kommentare über seinen Schützling missfielen, meinte Foreman nur: »Teddy, sei ein braver Junge und hol mir ein Sandwich. Und ihr, liebe Brüder und Schwestern, lasst mich ein Halleluja hören.« Atlas mag Recht gehabt haben, aber Foreman hatte die Lacher auf seiner Seite.

dee sprach mit George ganz entspannt: »Du musst den Kerl ausknocken, wir sind hinten, Baby.«

Foreman nickt, murmelt ein O.k., geht raus und bringt zum ersten Mal mehrere linke Haken zum Kopf, Moorer wirkt beeindruckt, und er begeht einen schweren taktischen Fehler: Er bewegt sich nicht nach rechts, weg von Foremans Schlaghand. Der schlägt eine Eins-Zwei-Kombination nach der anderen. Immer das gleiche Muster. Jab, rechter Cross. Mal geht der Cross an die Stirn, mal vorbei, mal auf die Deckung. Aber nach einer Minute und fünfzig Sekunden dieser zehnten Runde schlägt es am Kinn von Michael Moorer ein.

Der knickt nach hinten weg, geht schwer zu Boden und bleibt bewegungslos auf dem Rücken liegen. Ein Schlag, dessen Echo bis in die entferntesten Winkel der Welt zu hören war. Ringrichter Joe Cortez zählt Moorer aus, und das Unmögliche ist möglich geworden, genau zwanzig Jahre und eine Woche nach seiner Niederlage gegen Ali ist George Foreman wieder Weltmeister.

Während im Ring und auch außerhalb alles im Jubelchaos zusammenbricht, kniet George in seiner Ecke nieder und betet. »Ich dankte Jesus. Dafür, dass er mich auf den richtigen Weg geführt hat. Dass er meine Frau unterstützt hat, bei allem, was sie mit mir aushalten musste. Dass ich mir meinen Traum erfüllen durfte. Ich war einfach unheimlich dankbar. Kannst du das glauben, hab' ich ihn gefragt. Wir haben es tatsächlich geschafft!«

Die Stimmung in der Halle war unglaublich intensiv und emotional. Wildfremde Menschen lagen sich bewegt in den Armen, viele hatten Tränen in den Augen. Allen war bewusst, dass sie das große Privileg genossen hatten, an einem der magischsten Momente der Boxgeschichte teilnehmen zu dürfen. Ein Märchen war wahr geworden, und selten hat man wohl an einem Ort in so viele glückliche Gesichter geschaut wie in dieser Novembernacht. Und alle summten dieselbe Melodie: »George has a hammer, he hammers in the morning, he hammers in the evening, all over the day…«

MGM
MGM
GRAND
MGM
FALKE

George Foreman vs. Axel Schulz

22. April 1995 in Las Vegas (USA)

Gleich zweimal um den WM-Titel betrogen

Herausforderer Axel Schulz (r.) landet mit seiner Rechten einen Kopftreffer bei Titelverteidiger Foreman

Es fehlte nicht viel an diesem warmen Frühlingsabend. Das Bild am Ende des Weltmeisterschaftskampfes sprach mehr als die berühmten tausend Worte. Axel Schulz stand mit hochgerissenen Armen da, jubelte seine ganze Anstrengung und Anspannung heraus. George Foreman hingegen wirkte wie ein achtlos stehengelassener Teddybär. Kraftlos stapfte er, eine sichere Niederlage vor Augen, zurück in seine Ecke. Schulz hatte ihn klassisch ausgeboxt, immer wieder war er mit schnellen Attacken und schönen Kombinationen mit drei bis vier Händen an Foreman dran und genauso schnell wieder weg.

Es war das bei Boxern beliebte »Hase-und-Igel-Spiel« gewesen. Im Kampfverlauf wurde Schulz´ Selbstvertrauen immer größer, seine Aktionen immer effektiver und Foreman hatte ihm taktisch nichts entgegenzusetzen. Und der Amerikaner war von den vielen Treffern schwer gezeichnet, sein Gesicht eine grotesk verschwollene Masse, das linke Auge geschlossen und mit einer Schwellung von der Größe eines halben Tennisballes geziert. Doch die meisten der über 12 000 Zuschauer in der Arena des MGM Grand Garden im amerikanischen Spielerparadies Las Vegas trauten einige Minuten später bei der Bekanntgabe der Entscheidung ihren Ohren nicht.

Einer der Punktrichter wertete den Kampf Unentschieden, die beiden anderen sahen George Foreman mit jeweils 115:113 Wertungspunkten vorn. Ein hauchdünnes Urteil zugunsten des Baptistenpredigers aus Texas, aber nicht ohne bitteren Beigeschmack.

Auch die amerikanische Presse überhäufte den damals noch

schüchternen Axel Schulz, den sie vor dem Duell noch als »Axel Who?« titulierte, nun mit viel Lob und Anerkennung.

So richtig hatte niemand dem blonden 100-Kilogramm-Boxer aus Frankfurt/Oder eine solch beherzte Leistung zugetraut. Der damals 26-Jährige war als krasser Außenseiter in den Ring gestiegen. Gegner Foreman hingegen hatte im vorangegangenen November noch das Kunststück fertiggebracht, im Alter von 46 Jahren nach über zwanzig Jahren ein zweites Mal Weltmeister aller Klassen zu werden, als er Michael Moorer in Runde zehn k.o. schlug und glaubte an eine leichte Titelverteidigung gegen den international völlig unbekannten Deutschen.

Was für ein Vergleich: Der US-Goliath gegen den deutschen David. Ein Außenseiter griff nach den Sternen. Der Glanz früherer Tage aber war von Foreman abgeblättert, und was davon noch übrig war, heftete sich Schulz ans Revers. Die *New York Daily News* spottete: »Ach George, von allen Gurken in der Welt hast du dir leider genau die ausgesucht, die auch noch gewinnen wollte ...«

Und mittlerweile darf man davon ausgehen, dass Schulz in Wahrheit gegen mindestens vier Gegner boxte, also gegen Foreman und die drei Punktrichter. Nach zweijährigen Ermittlungen gegen die IBF und infolge der Anklage einer Grand Jury gegen führende Funktionäre des Weltverbandes wegen Erpressung, Betrug und Bestechung ist amtlich, dass der Kampf gegen Foreman manipuliert war. Auch wenn ihm der verdiente Punktsieg verwehrt wurde, die Anerkennung und damit der moralische Sieg ging an Schulz. Und das in jedem Falle einstimmig.

Seine Laufbahn als Boxer begann schon sechzehn Jahre vorher. Erste Schläge gegen den Sandsack machte Schulz unter der Anleitung von Manfred Gerke im Trikot der BSG »Gaselan« Fürstenwalde, 1982 wechselte er zum Renommierklub ASK Vorwärts Frankfurt/Oder. Vom dreizehnten bis zu seinem siebzehnten Lebensjahr war er ununterbrochen Kinder- und Jugendmeister der DDR. 1986 wurde er dann in Dänemark Junioren-Europameister im Halbschwergewicht.

1988 setzte sich die Erfolgsstory fort; als Manfred Wolke Axels

Volle Attacke gegen volle Deckung. Der zwanzig Jahre jüngere Schulz im Vorwärtsgang, respektlos gegen George Foreman

neuer Trainer wurde. Schulz wurde im selben Jahr noch Seniorenmeister der DDR, gewann ein Jahr später mit dem Chemiepokal in Halle ein internationales Turnier. In Moskau bei der Weltmeisterschaft stoppte eine Bänderverletzung den Griff nach dem Lorbeerkranz. Axel konnte gegen den Kubaner Felix Savon nicht antreten, durfte sich aber mit der Bronzemedaille trösten. Es folgte ein operativer Eingriff und eine siebenmonatige Pause.

Im Mai 1990 unterschrieb Schulz bei Promoter Wilfried Sauerland seinen ersten Profivertrag, nachdem er mit 78 Siegen in 98 Kämpfen eine starke Amateurbilanz vorweisen konnte. Dem Gewinn der deutschen Meisterschaft folgten zwei vergebliche Anläufe auf den Titel des Europameisters. Unter dem Strich blieben ein glückliches Unentschieden und eine Punktniederlage gegen den baumlan-

Manager Wilfried Sauerland nach einer siegreichen Begegnung seines Schützlings Axel Schulz gegen den Iren Kevin McBride im Juni 1996

gen Engländer Henry Akinwande, die jedoch mehr als nur ein respektables Ergebnis sind, wurde der erste Bezwinger von Schulz doch später Weltmeister bei der WBO.

Der Schritt ins Profilager hatte sich für den gelernten Fernsehmechaniker längst mehr als bezahlt gemacht. Ironie des Schicksals: Nach der Niederlage gegen Foreman schien die Zukunft rosiger denn je und der Titel trotz allem näher als in den wenigen Minuten vor der Urteilsverkündung gegen Foreman.

»Nie wieder«, so George Foreman auf der Pressekonferenz nach

Das Erfolgsgespann

Der Wuppertaler Kaufmann Wilfried Sauerland, der in Afrika Getränke-Abfüllanlagen vertreibt, veranstaltet seit 1980 in Deutschland Profiboxkämpfe. Nach Europameister René Weller folgten für den Promoter und Manager »goldene Zeiten« mit den Weltmeistern Graciano Rocchigiani, Henry Maske, Markus Beyer und Sven Ottke. Trainer Manfred Wolke bekam nach seinen Erfolgen mit Henry Maske den Spitznamen »Professor«. Er bestritt selber 258 Amateurkämpfe, wurde 1968 Olympiasieger im Weltergewicht und führte als Trainer Rudi Fink (1980) und Henry Maske (1988) zu Olympiagold.

Axel Schulz mit Trainer Manfred Wolke (l.)

dem Schulz-Fight, wolle er mit dem »tasmanischen Teufel« gemeinsam in einem Boxring stehen. Die IBF nahm Foreman wegen dessen Weigerung, einem zweiten Duell mit Schulz zuzustimmen, den WM-Gürtel ab und forderte statt dessen einen Kampf zwischen Schulz und dem an Nummer 1 geführten Frans Botha aus Südafrika.

Schulz-Promoter Sauerland ersteigerte den Kampf, und die Situation war so günstig wie nie. Axel Schulz im Sympathie-Hoch seiner Karriere kämpfte gegen einen vergleichsweise schwachen Herausforderer um den Titel. Da konnte eigentlich kaum noch etwas schief gehen.

Ging es dann aber doch, und den 9. Dezember 1995 haben Boxfans in schlechter Erinnerung behalten. Die 13 000 Zuschauer in der Stuttgarter Schleyer-Halle und über 18 Millionen Zuschauer vor den Fernsehgeräten erlebten einen technisch wenig anspruchsvollen Kampf. Botha, bis dato in 35 Kämpfen ungeschlagen, überraschte Schulz mit einer guten Kondition und überfallartigen Attacken. Axel wirkte in der ungewohnten Favoritenrolle verunsichert und verkrampft. Er überließ dem Südafrikaner die Kampfesführung, und als er dann doch noch zur Aufholjagd ansetzte, war der Punktevorsprung bereits zu groß.

Gegen Foreman war Schulz über sich hinausgewachsen, gegen Botha blieb er hinter seinen Möglichkeiten zurück. Am Ende wurde Botha, »der weiße Büffel«, einstimmig zum Punktsieger erklärt. Axels Niederlage brachte einige Fans derart in Rage, dass sie die für die Siegesfeier kaltgestellten Champagnerflaschen und Gläser in Richtung Ring warfen. Mehrere Unbeteiligte erlitten dabei schwere Verletzungen.

Des Nachspiels zweiter Teil folgte einige Tage später. Die Dopingprobe von Botha ergab einen positiven Befund. Der neue Weltmeister hatte sich anabole Steroide zugeführt, verweigerte jedoch zunächst die Aussage und erklärte sich später für unschuldig. Das Präparat sei ihm von seinem Arzt verschrieben worden, um den Muskelaufbau nach einem Armbruch zu unterstützen. Dennoch wurde Botha der Titel aberkannt, und der Kampf steht nunmehr als »No Contest«, also ohne Wertung, in den Rekordbüchern.

Schulz stellte allerdings so einen kleinen Rekord auf: Drei WM-Titelkämpfe als Herausforderer in weniger als vierzehn Monaten sind auch ein kleiner Erfolg. Im Juni 1996 also ein weiterer Titelkampf – und eine weitere Niederlage. Im Dortmunder Westfalenstadion stand Axel Schulz gegen den US-Amerikaner Michael Moorer auf verlorenem Posten und verlor erneut und diesmal völlig verdient nach Punkten.

Nach einer Bandscheibenoperation trat Schulz Ende September 1999 in der Köln-Arena gegen Wladimir Klitschko um die Europameisterschaft an. Schulz´ dritter Anlauf auf diesen Titel wurde der schmerzhafteste. Der als »Stunde der Wahrheit« titulierte Fight geriet zu einer sehr einseitigen Angelegenheit. Klitschko zeigte alle Schwächen von Schulz deutlich auf, rammte ein ums andere Mal seine linke Führhand durch die Deckung des Deutschen und schickte den »weichen Riesen« in der achten Runde zweimal auf die Bretter und damit in den sportlichen Ruhestand.

»Jetzt ist es genug: Ich mache Schluss. In der Weltspitze habe ich nichts mehr zu suchen«, erklärte Schulz direkt nach dem Kampf. Und dennoch blieb der Volksheld, neuerdings an seiner Schirmmütze als dauerhafter Kopfbedeckung zu erkennen, seinem Sport treu. Er analysiert beim Pay-TV-Sender Premiere World die dort übertragenen Boxkämpfe und moderiert eine eigene Sendung. Nebenbei sammelte er Schauspielerfahrung in diversen Filmen, gab ein Nudelkochbuch heraus und entwickelt eine eigene Grill-Kollektion. Die nach wie vor ungebrochene Popularität des Oderstädters erklärte das Hamburger Nachrichtenmagazin *Der Spiegel* einmal gewohnt spöttisch so: Der knuffige Axel Schulz genieße in der Bevölkerung den »Mitleidsfaktor von bedrohten Robben«. Da wird der übel zugerichtete George Foreman aber eine ganz andere Meinung haben.

Vincent Pettway vs. Simon Brown

29. April 1995 in Landover (USA)

Ein bizarres Ende

Der linke Haken landet krachend an der Schläfe von Simon Brown. Sofort versteift sich dessen gesamter Körper. Brown fällt, rückwärts, langsam, wie in Zeitlupe, wie eine Bahnschranke. Ein grausamer und gleichzeitig wundersam ästhetischer Anblick. Er landet auf dem Ringboden, schlägt hart mit dem Hinterkopf auf. Allen, die den Fight miterleben, ist klar: Das war es, von diesem Schlag von Pettway kann er sich nicht mehr erholen.

Die Fans sind völlig aus dem Häuschen, jubeln dem Sieger zu, da erstirbt der Jubel, allen Beobachtern stockt der Atem: Brown beginnt sich zu bewegen. Auf dem Rücken liegend, zucken seine Arme nach vorn. Er boxt weiter. Er ist bewusstlos und boxt weiter. Links, rechts, links, rechts.

Sein Unterbewusstsein befielt ihm, nicht aufzugeben. Ein Fighter bis ins Mark. Ein magischer Moment, voller Heroismus und beeindruckender Willenskraft – und dennoch für manche abstoßend und schockierend. Browns Betreuer und der Ringarzt eilen hinzu – doch schon nach wenigen Minuten ist Brown wieder klar und kann aus eigener Kraft den Ring verlassen. Eine Computertomographie seines Gehirns noch in derselben Nacht im Hospital von Washington, D.C., gibt Entwarnung: Brown ist soweit in Ordnung. Das Bild aber bleibt – für immer.

Es war einer dieser zahllosen Don-King-Kampfabende mit mehreren WM-Kämpfen und derart vielen Undercard-Fights, dass die Veranstaltung schon am späten Nachmittag beginnen musste. Eine mittelgroße, mäßig besuchte Halle in einer Trabantenstadt namens

Landover im US-Bundesstaat Maryland. Es hätte gar nicht durchschnittlicher sein können. Nichts, aber auch gar nichts deutete an, dass an diesem Tag einer der fesselndsten Kämpfe stattfinden würde – mit allen seinen Zutaten wie Niederschlägen, Kopfstößen, Tiefschlägen und kontroversen Entscheidungen und dem vielleicht bizarrsten Kampfende der jüngeren Boxgeschichte.

Vincent Pettway verteidigte seinen IBF-Titel im Halbmittelgewicht zum ersten Mal, seit er ihn sich von Gianfranco Rosi geholt hatte. Sein Gegner, Simon Brown, der alte Haudegen, war schon drei Mal Weltmeister und versuchte es nun erneut. Ringrichter war Ray Klingmyer, schon weit über siebzig Jahre alt, wie die beiden Hauptkämpfer des Abends US-Amerikaner und die Hose bis zu den Rippen hochgezogen.

Dramatik schon zwanzig Sekunden vor Schluss der ersten Runde: Ein Volltreffer von Brown mit einem linken Haken ans Kinn von Pettway, und der Weltmeister geht schwer zu Boden. Seine Beine gehorchen ihm nicht mehr, sein Gleichgewichtsgefühl ist nicht mehr existent, er bremst seinen Fall in den Ringstaub mit der linken Gesichtshälfte. Aber Pettways Wille besiegt seinen Körper, er kommt wieder hoch und übersteht mit konsequentem Klammern die Sekunden bis zum Ende der Runde. Nach den sechzig Sekunden Pause scheint Pettway wieder voll da zu sein.

In der dritten Runde beginnt der Kampf Klingmyer zu entgleiten. Beide Kämpfer ignorieren ständig seine Anweisungen und Trennkommandos, stellen ihre eigenen Regeln auf, die stark an einen Kampf auf der Straße erinnern. Eine rechte Gerade im Konter über Browns fallende Führhand, und der Herausforderer muss runter. Brown übersteht Pettways folgenden Schlaghagel nur mühsam und stakst mit glasigen Augen in seine Ecke. Und auch er erholt sich.

Die fünfte Runde, und es wird immer dramatischer. Klarer und brutaler Tiefschlag von Brown – doch es folgt keine Reaktion des Ringrichters. Pettway lehnt sich mit schmerzverzerrtem Gesicht an die Ringseile, geht auf ein Knie. Was Brown nicht stört, weiter auf den hilflosen Pettway einzuprügeln. Doch anstatt Brown zu verwarnen, wird nun Pettway angezählt. Der schafft es gerade noch rechtzeitig zurück, schimpft wie ein Rohrspatz und revanchiert sich, sobald der Kampf wieder freigegeben ist, seinerseits mit einem Tiefschlag, ebenfalls ohne Folgen.

Der Kampf ist längst nur noch hasserfüllt und völlig außer Kontrolle, die Deckung wird komplett aufgegeben, und es kommt zum offenen Schlagabtausch ohne Rücksicht auf Verluste. Beide erzielen in der Halbdistanz und im Infight immer wieder deutlich Wirkung. In der sechsten Runde rasseln die Streetfighter heftig mit den Köpfen zusammen.

Klingmyer irrt hilflos auf der Suche nach den neutralen Ecken mit den angeschlagenen Boxern durch den Ring und gibt ihnen viel zu wenig Zeit zur Erholung. Brown, obwohl sichtlich mitgenommen, gewinnt jetzt immer mehr die Oberhand. Er setzt einen klaren Treffer nach dem anderen, immer geduckt wie eine Raubkatze im Vorwärtsgang boxend, und Pettway sieht wie der sichere Verlierer aus, steht kurz vor dem endgültigen K.o. In einer letzten, verzweifelten Aktion schlägt der Weltmeister, an die Ringseile gelehnt und scheinbar am Ende seiner Kräfte, eine knallharte Linke.

Vincent Pettway ist ein hervorragendes Beispiel dafür, dass in der heutigen Zeit mit siebzehn Gewichtsklassen und vier großen Weltverbänden auch nur gerade mal mittelmäßig mit Boxtalent und athletischer Schulung gesegnete Herrschaften Weltmeister werden können. Das bizarre, unvergessliche und zum Glück schließlich gut ausgegangene Ende seines Sieges gegen Simon Brown hat Pettway allerdings einen prominenten Platz in den Geschichtsbüchern des Boxsports gesichert.

Kein Glück mehr

Beiden Boxern war im weiteren Verlauf ihrer Karrieren kein großer Erfolg mehr beschieden. Pettway verlor den Titel bereits in seinem nächsten Kampf durch technischen K.o. an Paul Vaden und in einem weiteren WM-Fight durch K.o. gegen Terry Norris. Brown verlor bis zu seinem Rücktritt acht seiner noch zwölf Kämpfe, davon zwei Mal um die Mittelgewichts-WM gegen Lonnie Bradley und Bernard Hopkins.

Dariusz Michalczewski vs. Virgil Hill

13. Juni 1996 in Oberhausen (Deutschland)

Die Rache des Tigers

In der Nacht vor dem Fight drohte um zwei Uhr morgens der Eklat: Hills Manager Bill Sorensen, nebenberuflich Bürgermeister von Bismarck im US-Bundesstaat North Dakota, kündigte die Abreise seines Schützlings an, falls der im Centro aufgestellte Ring nicht deutlich von den vom Tiger gewünschten fünf Meter fünfzig mal fünf Meter fünfzig vergrössert würde. Am Ende holte Sorensen fünfunddreißig Zentimeter mehr auf jeder Seite für Hills Defensivplan heraus. Peter Hanraths, der technische Leiter der Veranstaltung, hatte die undankbare Aufgabe, über Nacht entsprechend längere Seile zu organisieren, und Hills Promoter Cedric Kushner konnte sich endlich wieder der Nahrungsaufnahme widmen.

Es war eine rauschende Nacht mitten im Ruhrgebiet, wohin der Tiger für diesen ganz besonderen Titelkampf gegangen war. Nach einer diskutablen Gesangseinlage von Schauspieler Heiner Lauterbach, der für den Abend auch als Ringsprecher verpflichtet worden war, schwebte auf einer beweglichen Bühne unter dem Hallendach die Showtruppe von Deutschlands Vorzeige-Trommler Curt Cress ein und begann den Zuschauern einzuheizen. Gleichzeitig entzündete sich in riesigen Buchstaben das Motto des Abends »Die Rache des Tigers« in Anlehnung daran, dass dem gebürtigen Polen hoffentlich gelingen sollte, was Henry Maske gegen Hill versagt geblieben war. Eine lange Rampe senkte sich vom obersten Umlauf bis zum Hallenboden. Nebel stieg auf, unzählige bunte Lichtstrahlen tasteten sich durch die Halle, und auf einer Leinwand ganz oben am Ende der Rampe waren die spektakulärsten Knockouts des Tigers

Der Tiger brüllt, und Trainer Fritz Sdunek (unten) ist stolz auf ihn, auch wenn er ihn lehrt: »Klappe halten, Ohren spitzen«

zu sehen, unterlegt mit krachenden Soundeffekten. Und spätestens bei den ersten Akkorden von »Eye Of The Tiger« waren die Zuschauer nicht mehr zu halten, klatschten, johlten und trampelten.

Endlich kommt er. Michalczewski trippelt langsam die Rampe herab, der Lärmpegel steigt immer weiter an, die Spannung ist beinahe zu greifen. Das ist Gänsehaut-Feeling pur. Konkurrent Virgil Hill betritt die Halle dagegen unspektakulär durch einen Nebeneingang, auch weil ihm die Rampe »zu unsicher und gefährlich« erschien.

Viel sicherer ist das Geschehen im Ring für ihn aber auch nicht, denn Michalczewski macht von Beginn an Druck, doch auch Hill ist überraschend offensiv, bringt mehr Hände und ist variabler. Beide legen ein fast selbstmörderisches Tempo vor, aber der Tiger wirkt noch etwas fest. In der zweiten Runde bringt Michalczewski erstmals erfolgreich die rechte Gerade, und Hill ist überrascht, wird in seinem Elan gebremst. Beide versuchen ihren linken Jab zu etablieren und dem anderen die Überlegenheit ihrer Führhand vorzuführen. Hill schlägt einige schöne und blitzschnelle Kombinationen, während Dariusz versucht, mit Einzelschlägen zum Erfolg zu kommen.

So langsam findet der Deutsche sein Timing und Distanzgefühl und trifft in der vierten Runde drei Mal hintereinander schwer mit der Rechten. Hill mit Problemen und ohne erkennbares Konzept, während Michalczewski weiterhin einen sehr starken Eindruck macht, überhaupt nicht nervös wirkt und eine kompakte Deckung zeigt. Im gesamten Kampfverlauf weicht er nicht einen Zentimeter zurück, setzt Hill unaufhörlich unter Druck. Zur Mitte des Kampfes wird es für den Halbindianer zur Bestrafung, der Tiger trifft, wie er will, Hill ist angeschlagen und rettet sich aus der bedrohlichen Situation mit einem Tiefschlag, der ihm zwar einen Punktabzug von Ringrichter John Coyle einbringt, aber auch ein paar Sekunden zum Durchatmen.

Noch nie hat man vom Tiger, der sich sonst fast ausschließlich auf seinen Jab und den linken Haken verließ, so viele rechte Hände gesehen. Die über 15 000 Zuschauer in Oberhausen sind völlig aus

Die vier großen Weltverbände

World Boxing Association
Sitz: Caracas, Venezuela
Gründung: 1962

World Boxing Council
Sitz: Mexiko Stadt, Mexiko
Gründung: 1963

International Boxing Federation
Sitz: East Orange, USA
Gründung: 1983

World Boxing Organisation
Sitz: San Juan, Puerto Rico
Gründung: 1988

Virgil Hill hat das Nachsehen, der Tiger landet einen Volltreffer. Nach zwölf Runden und einem 3:0 Richterurteil ist Dariusz Michalczewski der erste dreifache Halbschwergewichts-Weltmeister in den führenden Verbänden WBO, WBA und IBF

dem Häuschen, sehen sie doch einen phantastischen Kampf. Was aber auch Hill zu verdanken ist, der sich wieder gefangen hat und im Konter immer noch mutig dagegenhält. Aber seinen Schlägen fehlt im Gegensatz zu den ersten Runden nun die Explosivität, die überlegene Physis des Tigers setzt sich immer klarer durch, und die Offensiv-Maschine Michalczewski platziert jetzt auch vermehrt Körpertreffer an Hills kurzen Rippen, was zusätzlich an dessen Moral nagt.

Im letzten Viertel des Kampfes gelingen Dariusz auch immer mehr Kombinationen, Hill muss furchtbar einstecken und zeigt eindrucksvolle Nehmerfähigkeiten. Der Tiger kann sein unglaubliches Tempo halten und zeigt ein starkes Finish, und obwohl er eigentlich nur den Sieg über die Runden schaukeln müsste, liefert er sich mit Hill noch einmal einen offenen Schlagabtausch und rüttelt ihn kurz vor Schluss mit der letzten Rechten noch einmal kräftig durch.

Versöhnliche Geste mit Virgil Hill (l.) zwei Tage danach

Der Schlussgong ertönt, und der Rest ist Jubel, Tränen und grenzenlose Euphorie. Hill gratuliert sofort, weil er weiß, dass er einen großen Kampf gezeigt, aber gegen einen klar Besseren in dessen Sternstunde verloren hat. Einstimmiger Punktsieger und damit Weltmeister im Halbschwergewicht von IBF, WBA und WBO ist Dariusz Michalczewski. Nach einer phantastischen Leistung, vor der auch seine größten Kritiker einfach den Hut ziehen müssen und mit welcher der Tiger auf der ganzen Welt Werbung für das deutsche Boxen gemacht hat. »Ich habe das heute für meine Kinder getan. Jungs, für euch, für Michael und Nicolas. Sie haben mir gesagt, Papa, du musst einfach gewinnen, das hat mich wirklich sehr berührt, und ihre Worte haben mich durch alle Runden begleitet.«

Doch die Gürtel waren schneller wieder weg, als er boxen konnte. Einmal mehr hatten die Boxpolitik und ihre eitlen Protagonisten in den Weltverbänden sehr zum Ärger Michalczewskis eine sportliche Entscheidung im Ring pulverisiert. »Die IBF hatte mir schon wenige Wochen nach dem Hill-Kampf einen Termin für eine Pflichtverteidigung vorgeschrieben, das war für mich völlig unmöglich zu realisieren, und das war denen natürlich klar. Und die WBA for-

Kartenmotiv für den Fight gegen den Amerikaner Leeonzer Barber, der dem Tiger erstmals den WM-Titel bringt (Archiv)

Als Dariusz Michalczewski seinen Halbschwergewichtstitel nach WBO-Version gegen Leeonzer Barber (l.) holt, hat das deutsche Profilager zwei Weltmeister in einer Klasse: Henry Maske ist zur gleichen Zeit Champion beim Konkurrenzverband IBF

derte mich auf, mich zwischen ihrem und dem WBO-Titel zu entscheiden. Da habe ich aus alter Verbundenheit den WBO-Gürtel gewählt.«

Die World Boxing Organisation wird von den drei älteren Verbänden gern von oben herab behandelt und nach außen hin nicht ernstgenommen, obwohl sie inzwischen in den meisten Gewichtsklassen mindestens gleichwertige Weltmeister zu bieten hat und genauso seriös oder unseriös wie alle anderen ist. Die Gerichtsverfahren zum Beispiel wegen Bestechlichkeit gegen Bob Lee sr., den ehemaligen Präsidenten der IBF, das üble Spiel des Jose Suleiman, Präsi-

dent des WBC, mit Graciano Rocchigiani und dessen Interim-Titel und seine peinlichen Kungeleien mit Don King oder auch die Machenschaften der venezuelanischen Mafia bei der WBA und deren scheinbar ausgewürfelte Rankings lassen die Vorwürfe an die WBO recht pharisäerhaft aussehen.

Michalczewski hatte sich den WBO-Titel im Halbschwergewicht im September 1994 durch einen klaren Punktsieg vom starken US-Amerikaner Leeonzer Barber geholt, der sich nach dem Kampf zu der unnötigen rassistischen Bemerkung hinreißen ließ, er habe sich nie vorstellen können, einmal gegen einen Weißen zu verlieren. Michalczewski widmete den Sieg im Ring unter Tränen seiner Frau Dorota.

Nur drei Monate später fügte er seiner Titelsammlung noch den der WBO im Cruisergewicht hinzu, als er Nestor Giovannini ausknockte und damit als erster Deutscher Weltmeister in zwei Gewichtsklassen wurde. Dabei hatte alles so bescheiden begonnen. Michalczewski lernte die Grundbegriffe des Boxens von seinem schon mit 37 Jahren verstorbenen Vater Boguslaw und wuchs in einfachen Verhältnissen bei seiner Mutter Maria im polnischen Danzig auf. Bereits in der Tanzschule lernte er seine spätere Frau kennen. 1988 setzte sich der gelernte Tischler und Polsterer, aufgrund seines deutschen Großvaters inzwischen neben dem polnischen auch mit einem deutschen Pass ausgestattet, nach Leverkusen ab und startete als Amateur für die Riege von Bayer 04. 1991 holte er sich den EM-Titel im Halbschwergewicht und wechselte dann zum Universum Profi-Boxstall von Klaus-Peter Kohl nach Hamburg, wo er zunächst von Eckhard Dagge trainiert wurde, dem ehemaligen WBC-Weltmeister im Halbmittelgewicht. Dagge, von dem der schöne Spruch überliefert ist »Ich kenne viele Weltmeister, die Alkoholiker wurden, aber ich bin der einzige Alkoholiker, der Weltmeister geworden ist«, wurde bald vom US-Amerikaner Chuck Talhami abgelöst.

Der betreute den Tiger bis zum Debakel beim ersten Rocchigiani-Kampf im August 1996, als Michalczewski nach Punkten hinten liegend von einem linken Haken getroffen wurde, den Rocchi-

Taufe des Tigers

Den Spitznamen »Tiger« erhielt Michalczewski von *Bild*-Reporter Thomas Dierenga. Als er 1991 gemeinsam mit Michael Löwe zu den Profis wechselte, wurde ein zweiter »tierischer« Name gesucht. In Verbindung mit seiner Walk-In Musik »Eye Of The Tiger« der US-Rockgruppe Survivor ist der Tiger inzwischen der ganzen Boxwelt ein Begriff. Michalczewski sieht das Ganze aber eher nüchtern: »Wenn das Geld stimmt, marschiere ich auch zu ›Katzenklo‹ in den Ring.«

giani nach einem Trennkommando des Ringrichters abgefeuert hatte. Der Tiger taumelte daraufhin wie ein sterbender Schwan durch den Ring, sein empörter Gegner wurde später disqualifiziert. Ob Michalczewski tatsächlich geschauspielert hat, weiß nur er selbst, aber er zeigt sich im kleinen Kreis durchaus selbstkritisch: »Klar ist, dass Graciano nachgeschlagen hat. Klar ist aber auch, dass ich noch nie so schlecht geboxt habe wie an diesem Abend. Schließlich hatte ich am selben Tag auf meinem Handy eine Morddrohung erhalten und war völlig neben der Kappe.«

Seitdem wird der Tiger von Fritz Sdunek betreut, der ihn schon zu Leverkusener Zeiten trainiert hatte und der vor der Wende Chefcoach der DDR-Auswahl war. Der sympathische Mecklenburger, der auch beide Klitschko-Brüder zu WM-Titeln führte, legt großen Wert auf ein sportwissenschaftlich bis ins letzte Detail ausgetüfteltes Trainingsprogramm. Den Rückkampf gegen Rocchigiani im April 2000 gewann der Tiger dann ganz souverän durch technischen K.o. Sdunek hat ihn für den Erfolg auf Disziplin innerhalb und außerhalb des Rings eingestellt, getreu seinem legendären Motto »Klappe halten, Ohren spitzen«, mit dem das Trainer-Boxer-Verhältnis wohl ausreichend beschrieben ist.

In der freien Wildbahn eher selten: stolzer Tiger mit Gürtel

Inzwischen hat Michalczewski Bob Fosters alte Bestmarke von fünfzehn erfolgreichen Titelverteidigungen hintereinander, aufgestellt Ende der sechziger, Anfang der siebziger Jahre, klar verbessert und ist damit theoretisch der erfolgreichste Halbschwergewichtler aller Zeiten.

Für den boxerischen Nachwuchs hat Michalczewski aber auf jeden Fall schon mal gesorgt: Sein Sohn Nicolas zeigt sich ausgesprochen begabt und in Stil und Bewegungsabläufen seinem Vater unglaublich ähnlich. In einem TV-Werbespot hat Nicolas bereits einmal den großen Vitali Klitschko auf die Bretter geschickt – der nächste Tiger ist also schon auf dem Sprung.

Finally
Mike
Tyson
vs.
Evander
Holyfield
WBA Heavyweight Championship
Michael Moorer vs. Francois Botha
IBF Heavyweight Championship
Henry Akinwande vs. Alexander Zolkin
WBO Heavyweight Championship
Plus, Christy Martin
Women's Boxing Sensation
Three Heavyweight Championships!
Saturday, November 9, 1996
MGM GRAND
SET
Showtime Event Television
www.mtyson.com

Evander Holyfield vs. Mike Tyson

9. November 1996 in Las Vegas (USA)

Tysons echter Albtraum

Alles vermag ich durch den, der mich stark macht.« Dieser Bibelspruch aus dem Neuen Testament steht im Mittelpunkt des Lebens von Evander Holyfield. In fast allen großen Kämpfen war er der Außenseiter, nur um beinahe immer zu triumphieren. In seiner Autobiographie *The Humble Warrior – Der demütige Krieger*, übrigens bereits vor dem ersten Tyson-Fight erschienen, beschreibt Holyfield seine Jugend und die schon früh entstandene Beziehung zu Gott: »Ich komme aus recht armen Verhältnissen, wir hatten nicht viel. Was wir hatten, war unser Glaube, und nur das zählt. Schon als Junge haben mich viele unterschätzt, wegen meiner eher schmächtigen Figur und meiner guten Manieren haben mich viele nicht ernst genommen. Ich aber habe immer gewusst, dass in mir etwas Besonderes schlummert, das mit Gottes Hilfe zu Großem reifen kann.«

Eigentlich wollte Evander Footballer werden, er war ein großer Fan der Atlanta Falcons. Aber der Coach des lokalen Klubs schickte ihn bald wieder nach Hause, weil er zu wenig auf den Rippen hätte. So kam Evander mit acht Jahren zum Boxen in den Atlanta Boys Club. Unter den Fittichen seines ersten Trainers Carter Morgan, der ihn acht Jahre lang bis zu seinem Tod betreute und ihm eine große Zukunft prophezeite, wuchs Holyfield schnell zu einem gefürchteten jungen Mann heran, der sich konsequent nach oben arbeitete.

Auf ihrem Ankündigungsplakat scheinen sich Tyson und Holyfield Konkurrenz in gegenseitiger Verachtung machen zu wollen (Archiv)

Nach diversen Siegen bei Amateurturnieren und den Golden Gloves qualifizierte er sich 1984 als Halbschwergewichtler für die Olympischen Spiele in Los Angeles. Im entscheidenden Box-Off für das Team USA in Las Vegas besiegte er den hohen Favoriten und Weltranglistenersten Ricky Womack. Die Olympischen Spiele selber wurden aber zur Enttäuschung, denn im Halbfinale wurde Holyfield gegen Kevin Barry aus Neuseeland wegen angeblichen Nachschlagens disqualifiziert und musste sich mit der Bronzemedaille zufrieden geben.

Nach den Spielen entschloss sich Evander, Profi zu werden, und schon in seinem elften Kampf forderte er 1986 Dwight Muhammad Quawi um dessen WBA-Titel im Cruisergewicht heraus. Holyfield war erneut riesiger Außenseiter gegen den bulligen und erfahrenen Quawi, aber in einem phantastischen, schnellen und erbittert geführten Fight konnte der jüngere Mann tatsächlich über fünfzehn Runden knapp gewinnen. Holyfield war Weltmeister. Nachdem er im Cruisergewicht alles gewonnen hatte, stieg Holyfield ins Schwergewicht auf und besiegte 1990 sensationell James Buster Douglas durch K.o. in der dritten Runde. Holyfield war zum ersten Mal Weltmeister im Schwergewicht, und das gegen Tyson-Bezwinger Douglas.

Nach erfolgreichen Titelverteidigungen u.a. gegen Larry Holmes und George Foreman kam es im November 1992 dann zum ersten Aufeinandertreffen mit Riddick Bowe, und an einem der aufregendsten Abende im Schwergewicht der letzten zwanzig Jahre verlor Holyfield den ersten Profikampf seiner Karriere nach Punkten. An die zehnte Runde denken Boxfans besonders gerne zurück, versinnbildlicht sie doch viel von Holyfields Charakter. Nachdem Bowe den Großteil der Runde beherrscht hatte und Evander kurz vor dem K.o. stand, kam er irgendwie wieder zurück, mobilisierte die letzten Kräfte und deckte Bowe seinerseits mit schweren Treffern ein.

Beinahe auf den Tag genau ein Jahr später das Rematch, und Holyfield strafte all die Lügen, die ihn schon abgeschrieben hatten. Überschattet von der Wahnsinnstat eines Drachenfliegers, der in der siebten Runde versuchte, im Ring zu landen, holte sich Holyfield mit einer eindrucksvollen Energieleistung seinen Titel wieder zurück und hatte das Schwergewichtsgesetz »They never come back« durchbrochen. »Ich habe mich nie als Außenseiter gefühlt,

Doppelte Moral

Apropos fromm und bibelfest: Holyfield war zwei Mal verheiratet, hat aber neun Kinder von sechs Frauen und sechs der Kinder sind unehelich. Das ist aber nur der Stand vom September 2001, wir warten gespannt auf die weitere Entwicklung … Vielleicht – so witzeln seine Gegner oftmals – sind ja auch die vielen Zahlungen an Alimenten der wahre Grund für das lange Warten auf das Karriereende.

andere haben das so gesehen. Aber wer sich selbst nur Außenseiterchancen einräumt, der hat schon halb verloren.«

Holyfields Karriere schien nach einer Niederlage gegen Michael Moorer und nach einer dritten Begegnung gegen Bowe beendet zu sein, aber noch einmal kam er wieder und forderte als 15:1-Außenseiter in den Kasinos von Las Vegas am 9. November 1996 im MGM Grand Garden WBA-Weltmeister Mike Tyson heraus, der es nach seiner Haftentlassung wieder zurück auf den Thron geschafft hatte.

Viele Experten und Journalisten waren entsetzt und befürchteten eine Tragödie im Ring, so übermächtig und unschlagbar erschien Tyson. Und die ersten Sekunden des Kampfes schienen die schlimmsten Erwartungen zu bestätigen. Gleich mit der ersten Hand des Kampfes erzielt Tyson Wirkung, Holyfield taumelt zurück. Aber er fängt sich und hält dagegen, stellt sich dem Schlagabtausch, nimmt Treffer, teilt aber auch aus.

Tyson wirkte verwirrt, dass sich da einer wehrt. In fast allen Kämpfen bisher hat die Angst vor ihm die Gegner gelähmt. Bruce Seldon, sein letzter Kontrahent, hatte sich sogar gleich in der ersten Runde hingelegt, ohne überhaupt getroffen worden zu sein. Aber heute scheint der Einschüchterungsfaktor keine Rolle zu spielen. Holyfield nimmt sein Herz in beide Fäuste und bietet der K.o.-Maschine Paroli. Er zeigt klassisches Konterboxen. Wenn Tyson seinen gefürchteten linken Haken ansetzt, fängt er ihn mit einem rechten Cross ab. Will Tyson seine Rechte bringen, kontert Holyfield mit dem linken Haken, seiner besten Waffe. Nur mit Uppercuts und Kombinationen kann Tyson Holyfield manchmal beeindrucken, besonders in der fünften Runde scheint der Kampf zu kippen.

Holyfields Autogrammkarte von 1996 (Archiv)

Eine Runde später aber landet Evander Holyfield einen linken Haken, und Tyson geht erstmals runter, rutscht durch die Gewalt des Schlages quer durch den Ring. Die Zuschauer können nicht glauben, was sie sehen, den meisten steht der Mund offen. Der haushohe Favorit ist auf der Verliererstraße, und Holyfield spätestens ab jetzt ganz klar Chef im Ring. Fitnesscoach Tim Hallmark hatte ihn konditionell wieder einmal perfekt vorbereitet. In der

Tyson am Boden in Runde sechs. Ringrichter Mitch Halpern drängt Holyfield in die neutrale Ecke. Es ist noch nicht die Entscheidung, aber der Anfang vom Ende

zehnten Runde läuft Tyson voll in eine Rechte Holyfields hinein und taumelt rückwärts in die Seile, verteidigt sich nur noch intuitiv. Holyfield mit einem wahren Schlaghagel, Tysons Kopf fliegt hin und her, und nur der Gong rettet ihn vor dem sicheren K.o.. Der kommt nach 37 Sekunden von Runde elf. Holyfield trifft wie er will, treibt Tyson vor sich her, der inzwischen verteidigungsunfähig ist und schwere Treffer nimmt. Völlig zurecht bricht Ringrichter Mitch Halpern, der Jahre später tragischerweise Selbstmord begehen sollte, den Kampf ab.

Holyfield hat dadurch mit Muhammad Ali gleichgezogen und ist zum dritten Mal Weltmeister im Schwergewicht, eine echte Sensation. »Meine ganze Karriere war immer von Zweiflern umgeben. Aber die haben keine Kontrolle über mich. Die haben nur Zwei: Gott und ich selbst. Ich wusste immer, dass ich den Kampf gewinnen würde. Das war meine Gelegenheit, der ganzen Welt Gottes Größe zu beweisen. Ich musste mich nur möglichst gut vorbereiten, dann würde mich der heilige Geist durch den Kampf tragen. Ich kenne Mike schon sehr lange, er ist ein eindimensionaler Kämpfer. Aggressiv und gefährlich, aber berechenbar. Ich musste ihm meinen Stil aufzwingen, ihn zum Boxen im Rückwärtsgang zwingen, das war eine ganz neue Erfahrung für ihn. Als ich begann, ihn schwer zu treffen, da begann es bei ihm im Kopf zu arbeiten. Und ich hatte gewonnen.«

Mike Tyson zeigte sich nach der Niederlage erstaunlich respektvoll seinem Kontrahenten gegenüber und bewies sogar so etwas wie Selbstironie: »Bei der Pressekonferenz nach dem Kampf habe ich erst gemerkt, dass ich verloren hatte. Ich meinte bis dahin, ich hätte ihn ausgeknocked. Dann sagte mir mein Manager John Horne, nein Mike, ganz so ist es nicht, du bist k.o. gegangen. Au weia, dachte ich mir, dann ist aber gerade mächtig was schiefgelaufen.«

Im Rückkampf ein gutes Jahr später zeigte Tyson dann wieder sein hässliches Gesicht. Eine erneute Niederlage vor Augen und vom Kampfverlauf frustriert, biss er Holyfield ein Stück von dessen rechtem Ohr ab. Angeblich ein Racheakt für einen absichtlichen Kopfstoß Holyfields bereits in der ersten Runde. Die wahrscheinlichere Erklärung liefert Teddy Atlas, Tysons langjähriger Trainer bei den Amateuren: »Mike hat gemerkt, dass er wieder verlieren wird, dass ihm Evander einfach mental entscheidend überlegen ist. Da hat er völlig verzweifelt nach einem Ausweg für sich gesucht und ist dabei verrückterweise auf den Ohrbiss verfallen.«

Einen Tag später entschuldigt sich Tyson, getrieben von seinen Beratern, auf einer eilig einberufenen Pressekonferenz bei Holyfield für seine Aktion, was der neue Weltmeister auch annahm. Aber Tysons wahres Ich brach ein paar Monate später aus ihm heraus, als er in einem Interview äußerte, Holyfield solle froh sein, dass er ihm nicht den Hals durchgebissen habe für das, was er ihm angetan habe.

Vierfacher Weltmeister

Nach dem zweiten Tyson-Kampf fügte Holyfield durch einen K.o.-Sieg über seinen alten Widersacher Michael Moorer seinem WBA-Gürtel noch den der IBF hinzu. Eigentlich ein guter Zeitpunkt, um zurückzutreten. Nachdem sich Lennox Lewis weigerte, seinen WBA-Titel gegen Johnny Ruiz pflichtzuverteidigen, nahm ihm der Verband den Titel ab, erklärte ihn für vakant und ließ die Nummern 1 und 2 seiner Weltrangliste um ihn boxen. Eben Johnny Ruiz und – Evander Holyfield. Holyfield siegte am 12. August 2000 nach Punkten und war als ersten Boxer der Geschichte vierfacher Weltmeister im Schwergewicht.

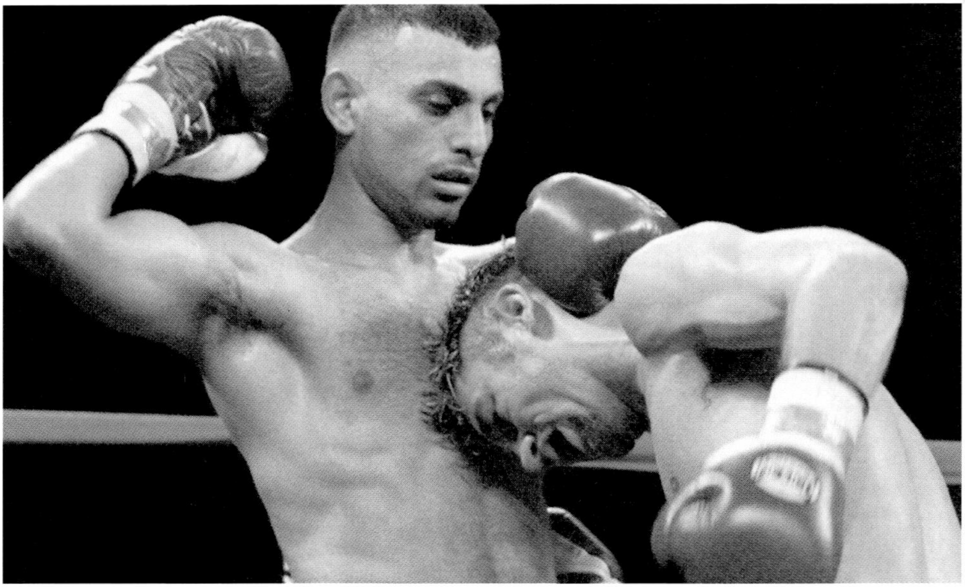

BARRERA
PRINCE

Prince Naseem Hamed vs. Kevin Kelley

19. Dezember 1997 in New York (USA)

Showtime mit Prince Naseem

Kaum einer polarisiert so wie er: Prince Naseem Hamed, der Showstar unter den Boxern. Exaltiert, selbstbewusst bis hin zur Arroganz und manchmal auch darüber hinaus. Der Prince spaltet die Boxwelt. Manche hassen ihn, manche verehren ihn, nur egal ist er niemandem. Aber alle wollen ihn sehen, denn etwas Spektakuläres liegt immer in der Luft, wenn Hamed eine Arena betritt.

Von seinem Promoter Frank Warren behutsam und klug aufgebaut, entwickelte Hamed schon bald seinen ganz eigenen Stil, den unorthodox zu nennen eine gewaltige Untertreibung wäre. Er schlägt aus den unmöglichsten Winkeln, boxt ohne Deckung mit den Fäusten an den Hüften, spielt mit seinen Gegnern, verspottet sie und tanzt über ihnen, wenn sie am Boden liegen.

Mit Begriffen wie Sportlichkeit und Fairplay braucht man Hamed nicht zu kommen, sieht er sich selbst doch eher als Teil der Unterhaltungsindustrie als des Sports. »Was wollt ihr denn alle? Jeder bekommt doch sein Stück vom Kuchen ab. Die Leute bekommen eine gute Show, ich rette ihnen den sonst todlangweiligen Samstagabend. Ich verdiene gutes Geld und alle anderen um mich herum auch, mein Promoter, mein Trainer, meine Brüder, selbst meine Gegner. Die bekommen, wenn sie gegen mich antreten, alle die größte Börse ihrer Karriere. Also, es gibt bei meiner Show keine Verlierer.«

Ursprünglich aus dem Jemen stammend, lebt der nur 1,60 Meter große Hamed nun in der Arbeiterstadt Sheffield in England.

Oben: Prince Naseem Hamed (l.) posiert gern als »starker Mann«, wie hier während seines Kampfes 1998 gegen Herausforderer Wayne McCullough aus Nordirland. Der Titelverteidiger bleibt schließlich Weltmeister
Unten: Seine erste Niederlage jedoch steckt er nach 35 Profikämpfen gegen den Mexikaner Marco Antonio Barrera (l.) im März 2001 ein

Über die Zwischenstation Europameister im Bantamgewicht holte sich Hamed im September 1995 den WBO-Titel im Federgewicht durch einen K.o.-Sieg über Steve Robinson. Und er entwickelte ein weiteres Markenzeichen - spektakuläre Einzüge in den Ring. Tanzend, durch Wasserfälle schreitend, in einer Sänfte getragen, so bahnte er sich seinen Weg durch Kunstnebel und Laserblitze. Oder technisch ambitioniert mit Kränen, Rampen oder Gondeln einschwebend. Und immer abgeschlossen mit seinem längst berühmten Salto vorwärts über das oberste Ringseil.

Der amerikanische Markt hatte Hamed immer ein wenig skeptisch beäugt. Sie nahmen ihn nicht ernst, diesen europäischen Ring-Kasper, der sich erst einmal gegen einen US-Boy beweisen sollte...

Im Februar 1997 kam der IBF-Weltmeister und US-Amerikaner Tom Johnson nach London, um die Maßstäbe geradezurücken. Hamed spielte ein wenig mit ihm, begann dann, ihn nach Strich und Faden zu verprügeln und knockte ihn schließlich in der achten Runde aus. Die Entscheidungsträger des amerikanischen Pay TV-Senders HBO, namentlich Lou Di Bella, der später seinen eigenen Box-Stall aufmachen sollte, waren von dieser Vorstellung so begeistert, dass sie entschieden, Hamed auch in den Staaten zu etablieren. Millionen Dollar Marketinggelder wurden budgetiert, aufwändige TV-Spots produziert und New York mit riesigen Hamed-Plakaten zugepflastert.

Für Hameds USA-Debüt wurde der legendäre Madison Square Garden ausgesucht, und Prince Naseem sorgte im Vorfeld für reichlich Gesprächsstoff unter den amerikanischen Journalisten und Boxfans, die zwar alle schon von ihm gehört hatten, von der Überdosis Realitätsferne aber doch überrascht und zum Teil überfordert wurden. Ein paar Kostproben Hamedscher Litaneien: »Ich bin schon jetzt eine lebende Legende. Ich werde immer gewinnen, zu jeder Zeit, gegen jeden Gegner, ich kann gar nicht verlieren. Allah hat mich mit der göttlichen Gabe der Unbesiegbarkeit gesegnet. Ich bin jetzt schon der beste britische Fighter aller Zeiten, und bald schon werde ich auch der beste Fighter aller Zeiten auf der ganzen Welt sein - wenn ich es nicht schon bin!«

Kein Zutritt

Der begeisterte Tänzer und Diskothekenbesucher hat außer in seiner Heimatstadt und in London ein echtes Problem: Er wird in die Clubs und Discos von den Türstehern oft schlicht nicht hereingelassen. Entweder kennen sie ihn nicht oder sie halten ihn für ein Double. Auf jeden Fall heißt es: Sorry, heute nur für Mitglieder.

Hameds Gegner bei der Verteidigung seines WBO-Titels im Federgewicht war Lokalmatador Kevin Kelley, und es gab nicht Wenige, die sich wünschten, dass der Mann aus New York dem Mann aus Sheffield doch das große Maul stopfen möge. Die Voraussetzungen schienen nicht schlecht zu sein, denn Kelley, Ex-Weltmeister des WBC im Federgewicht, war schlagstark, erfahren und bekannt für sein großes Kämpferherz. Und der hatte sich einiges vorgenommen: »Wir New Yorker mögen solche Schaumschläger nicht. Du kannst nicht einfach hier herkommen und sagen, du seiest Gott. Du kannst genauso wenig herkommen und sagen, du seiest größer als Muhammad Ali oder Ray Robinson. Ich werde ihm beibringen, wie man Leute mit Respekt behandelt. Nach unserem Kampf wird er hoffentlich wissen, was es heißt, Demut zu empfinden.« Mit Worten umgehen konnten sie also beide.

Kevin Kelley, »The Flushing Flash«, betritt die Halle, unspektakulär ist er schnell im Ring und das Warten beginnt. Hinter einem weißen Vorhang, etwas erhöht, steht Hamed. Grelles Licht von hinten lässt nur seine Silhouette sichtbar werden. Er tanzt auf seine ganz spezielle, selbstverliebte Art, minutenlang macht er überhaupt keine Anstalten, sich Richtung Ring in Bewegung zu setzen.

Der Weg zum Ring ist manchmal wichtiger als der Kampf selbst: Prince Naseem Hamed trifft ein und möchte gefeiert werden

Endlich teilt er den Vorhang. Ein Konfettiregen fällt auf ihn herab, während er unendlich langsam und provozierend die Rampe herabschreitet. Kelley klettert auf die Ringseile und fordert ihn wild mit den Fäusten fuchtelnd auf, sich gefälligst zu beeilen. Insgesamt dauert Hameds Weg in den Ring über sieben Minuten, eine echte Frechheit und Respektlosigkeit gegenüber dem wartenden Gegner. Schon während der Vorstellungen von Ringsprecher Michael Buffer kommen sich die beiden oft sehr nah, stehen Nase an Nase und müssen immer wieder von Ringrichter Benji Estevas getrennt werden. Dann geht's endlich los.

Runde eins. Beide versuchen, ihre Jabs zu etablieren. Beide versuchen es mit der Rechtsauslage. Hamed beginnt aber schon bald sein übliches Wechselspiel und führt manchmal mit der Linken. Nach gut neunzig Sekunden drängt er Kelley erstmals mit guten Kombinationen in die Ecke. Hamed versucht zweimal erfolglos, seine Rechte

ins Ziel zu bringen, Kelley duckt ab, kontert mit seiner Rechten zum Kinn des Prinzen und der geht zu Boden.

Die Zuschauer sind völlig aus dem Häuschen, Hamed wird angezählt, und Kelley macht es richtig, behält Nerven und Ruhe und setzt nicht alles auf eine Karte, boxt die Runde ruhig zu Ende.

Runde zwei beginnt, und schnell hat Hamed wieder Probleme, mehrfach schluckt er Kelleys Jab und auch ein paar linke Geraden. Ein linker Haken bringt Hamed aus dem Gleichgewicht, er stützt sich mit beiden Fäusten auf den Ringboden ab. Beim Hochkommen bekommt er zur Begrüßung von Kelley eine Rechte und muss erneut zu Boden. Diesmal scheint er richtig mitgenommen zu sein. Und jetzt setzt Kelley nach, trifft fast nach Belieben.

Plötzlich aber kontert der Prince seinerseits mit einer Rechten, und Kelley kommt ins Straucheln. Hamed jetzt mit Oberwasser und eine gute Minute vor Rundenende schickt er Kelley mit einer rechten Geraden runter. Der lächelt versonnen und kommt schnell wieder hoch. Beide sind jetzt versucht, mit einem Schlag alles zu entscheiden, und beide verfehlen ihr Ziel mehrfach nur ganz knapp.

In der Pause zur dritten Runde reden sowohl Phil Borgia in Kelleys Ecke als auch Brendan Ingle bei Hamed verzweifelt auf ihre Schützlinge ein, doch auch wieder ein wenig an die Deckung zu denken.

In Runde drei ist es wieder Kelley, der den ersten schweren Treffer setzt und diesmal mit der Schlaghand. Beide sind jetzt disziplinierter, Kelley dominiert die Runde, in den letzten dreißig Sekunden aber kommt Hamed auf und setzt einige, wenn auch nicht zu harte Treffer. Der Engländer scheint nun endlich seinen Rhythmus zu finden.

Runde vier startet mit einigen wilden »Heumachern« von Kelley, die weit vorbeigehen und viel Kraft kosten. Zwei schnelle linke Hände von Hamed, und jetzt geht Kelley zu Boden. Keine neue Erfahrung, doch diesmal zeigt er deutlich Wirkung, schafft es gerade rechtzeitig wieder auf die Beine. Hamed setzt nach und will den Kampf beenden. Aber sensationell kontert nun wieder Kelley mit einem rechten Haken zur Schläfe, Hamed kommt ins Straucheln, berührt mit dem rechten Handschuh den Boden und wird so seinerseits angezählt.

Es ist ein phantastischer Kampf, der hin- und herwogt, so etwas wie die Federgewichts-Auflage von Hagler gegen Hearns, nur diesmal mit fünf Niederschlägen. Beide schenken sich nichts, wollen die Entscheidung. Die fällt wenig später zugunsten von Hamed: Ein krachender linker Haken an Kelleys Kopf und der wird ausgezählt.

Hamed hat gezeigt, was er kann, aber auch, was er nicht kann. Er beschreibt es allerdings so: »Ich wollte damals meine gesamten Fähigkeiten zeigen, auch, dass ich etwas einstecken kann. Ich habe das Herz eines Löwen. Und ganz ehrlich: Lagen meine Haare nicht einfach großartig?«

In der Folgezeit vergrätzte Hamed viele seiner Fans mit einer sehr handverlesenen Auswahl seiner Gegner. Der Weg zum Ring wurde wichtiger als der Kampf selbst, in dem Hamed schon vorher recht sicher sein konnte, dass ihm die Kontrahenten nicht wirklich gefährlich werden würden. Und so war er auch nicht gezwungen, sich boxerisch weiter zu entwickeln.

Muskelspiele als Show vor der Show – Prince Naseem Hamed lässt sich wiegen und genießt sich selbst

Trotzdem beherrschte er seine Gewichtsklasse nach Belieben. Er gewann Gürtel anderer Verbände, nur um sie gleich wieder abzulegen, wenn ihm der Pflichtherausforderer nicht passte. Er legte im Jahr 2000 sogar seinen ersten und ihm auch einzig verbliebenen WBO-Titel nieder, weil er nicht gegen den Ungarn Istvan Kovacs boxen wollte. So kam es im April 2001 zu einem Nicht-Titelkampf gegen den Mexikaner Marco Antonio Barrera, in dem er nach 35 Profikämpfen ohne Niederlage zum ersten Mal verlor. Barrera punktete ihn über zwölf Runden ganz klar aus, aber nach dem Kampf war Hamed erstaunlich gefasst und beinahe entspannt, dankte Allah immer wieder überschwänglich, dass er ihn heute und während seiner ganzen Karriere beschützt und Schaden von ihm abgewandt habe. Der Prinz, der ausgezogen war, König zu werden, hat bei der Palastrevolte Demut gezeigt.

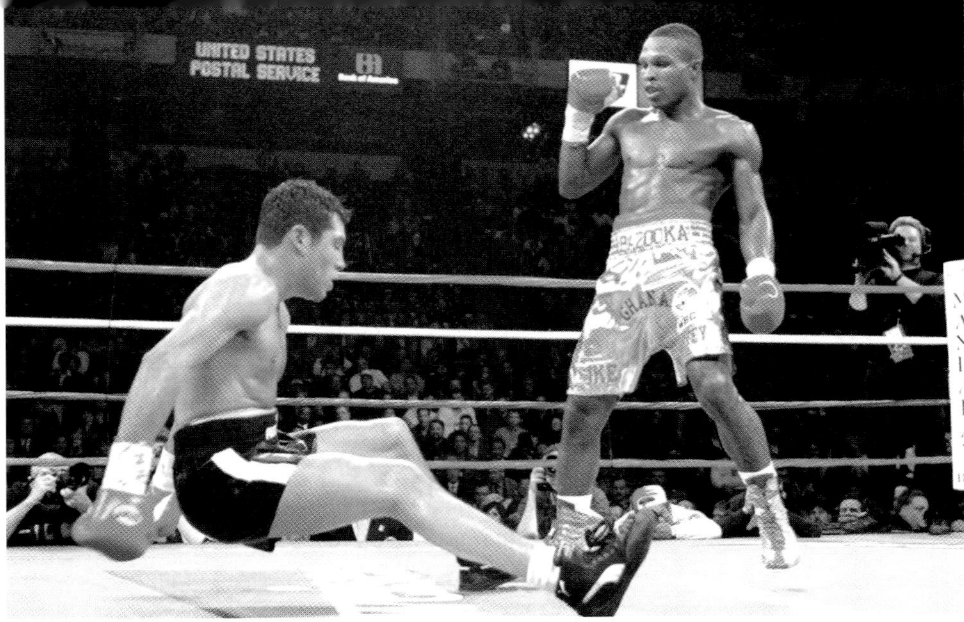
UNITED STATES
POSTAL SERVICE
BAZOOKA
GHANA

Oscar de la Hoya vs. Ike Quartey

13. Februar 1999 in Las Vegas (USA)

De la Hoya und die Träume eines Goldjungen

Man kennt diese Geschichten vor allem aus der Tenniswelt. Allzu ehrgeizige Eltern wollen aus ihren Kindern die besten Spieler machen und ordnen diesem Ziel sogar die Kindheit des eigenen Nachwuchses unter. Viele dieser Geschichten enden ohne zählbare Erfolge oder sogar tragisch. Manchmal ist die Geldgier oder die verzweifelte Suche nach Ruhm und Anerkennung die einzige Triebfeder. Bei Oscar de la Hoya liegt die Wahrheit irgendwo in der Mitte.

Der Vater, Joel de la Hoya, ist ein armer Mann, der für sich einen großen Traum hegt. Seine Onkel sind Boxer, der eigene Vater war ebenfalls Faustkämpfer, und so will Joel eines Tages Weltmeister sein und die großen Börsen verdienen. Doch vorher lernt er seine Frau Cecilia kennen, die beiden bekommen Kinder, und Joel muss ans Geldverdienen denken.

Mit Boxen verdient er kaum etwas, für eine Familie zu wenig und außerdem hat er einige gesundheitliche Probleme. Die Entscheidung steht fest. Der Traum ist geplatzt, ehe er überhaupt begonnen hat.

Doch eine kleine Hoffnung bleibt. Vielleicht kann der kleine Sohn Oscar den Traum des Vaters doch noch verwirklichen. Aber auch aus dieser Möglichkeit scheint zunächst nichts zu werden. Klein-Oscar ist weinerlich, geht jeder Auseinandersetzung aus dem Weg und krabbelt sofort unter Mutters Rock.

Mit fünf Jahren bekommt er Boxhandschuhe übergezogen, wirbelt ein wenig mit den Fäusten und schlägt sich ungestüm selbst auf die Nase. Wieder kommen Tränen, und der Vater wird sauer. Der

Ein Spiel mit wechselnden Rollen in der sechsten Runde.
Oben: Der viermalige Box-Weltmeister Oscar de la Hoya geht nach einem Treffer des Herausforderers Ike »Bazooka« Quartey zu Boden
Unten: Ike Quartey geht ein erstes Mal in die Knie, in der zwölften Runde wird es ein zweites Mal sein, doch verlieren wird er nur knapp nach Punkten und einem 2:1-Urteil

Widerrede der Mutter zum Trotz schickt er Oscar ins Trainingsgym, der Junge soll wenigstens ein richtiger Mann werden, wenn es schon zum Boxer nicht reicht.

Der Rest ist eine Erfolgsgeschichte sondergleichen. Nach der Goldmedaille bei den Olympischen Spielen 1992 unterschreibt de la Hoya einen millionenschweren Profivertrag und beginnt die Jagd auf den Rekord. Er will in so vielen Gewichtsklassen wie möglich Weltmeister werden. Schon im zwölften Kampf, es ist der März 1994, wird er zum erstenmal Weltmeister, als er Jimmy Bredahl dessen WBO-Titel im Juniorleichtgewicht abnimmt, und bleibt es fortan durch die unterschiedlichen Gewichtsklassen. Nebenbei wird der Boxer mit dem Boygroup-Gesicht ein Werbestar und macht Fotoaufnahmen. Ende 2000 nimmt er eine eigene CD auf, singt in einer Mischung aus Julio Iglesias und Ricky Martin und wird für den höchsten Musikpreis, den »Grammy« nominiert. Der Goldjunge versilbert alle seine Talente, und die Kampfbörsen werden mittlerweile mit der Schubkarre vor seine 16-Zimmer-Villa in Los Angeles gebracht.

Der wichtigste Mosaikstein für die außergewöhnliche Karriere wurde im Kampf gegen den schwereren und körperlich robusteren Ike Quartey gelegt. »Wenn ich gegen ihn bestehen kann, kann ich auch in den höheren Gewichtsklassen erfolgreich sein«, erklärt Oscar de la Hoya vor dem Kampf im Februar 1999.

Die Visitenkarte von Quartey las sich furchteinflößend. Spitzname »Bazooka« (»Panzerfaust«) als nette Umschreibung für die Schlaghand. Ungeschlagen in 34 Kämpfen, davon 29 Siege durch Knockout – mit nicht weniger als 14 Titelkämpfen. Der Weltmeister der WBA hatte seinen WM-Gürtel allerdings am grünen Tisch verloren, weil er nicht fristgerecht gegen den vom Verband geforderten Gegner antrat. Der Grund war allerdings einleuchtend, es gab insgesamt drei Millionen davon: So viele US-Dollar waren Quartey für das Aufeinandertreffen mit de la Hoya garantiert worden.

Schon als kleiner Junge trainierte Quartey in Accra, der Hauptstadt seines Heimatlandes Ghana, mit zwei späteren Weltmeistern. Das Gesetz des Stärkeren war die einzige Regel, die Bestand hatte.

Revanche im Olympia-Finale

Oscar de la Hoya gewann als Amateur 223 Kämpfe und verlor nur fünf. Für die Niederlage im WM-Finale von 1991 gegen den Deutschen Marco Rudolph nimmt er im Olympia-Finale 1992 in Barcelona erfolgreich Revanche. »Die WM-Niederlage war gut für meine weitere Karriere, sie hat mir die Augen geöffnet.« Er schlägt Rudolph mit 7:2 Wertungspunkten und widmet die Goldmedaille seiner kurz zuvor an Krebs verstorbenen Mutter.

De la Hoya war für das Duell der 4:1-Favorit, doch Quartey hatte sich sein boxerisches Konzept bei seinem Banksafe abgeschaut. »Ich habe mehrere Schlüssel in meinem Repertoire, um de la Hoya zu knacken«, kündigte Quartey eine Überraschung an. Um den Afrikaner in Kampfstimmung zu versetzen, spielte die Kwasli African Beat Group einen Kriegstanz für seinen Weg zum Ring.

Für de la Hoya war es der 18. WM-Kampf, aber der erste, an dem er als Co-Promoter mitbeteiligt war. Auf mindestens acht Millionen US-Dollar wurde seine Gage geschätzt. Der amerikanische Superstar hatte einen Kampfrekord von 29 Siegen aus ebenso vielen Kämpfen und hatte 24 seiner Gegner vorzeitig geschlagen.

Quartey betreibt im Ring schon durch seine Kleidung ein Psychospielchen. Er trägt goldene Schuhe und eine goldfarbene Hose und macht so deutlich sichtbar, wer wirklich der »Goldjunge« im Ring sein sollte. Der Spitzname »Golden Boy« allerdings ist einzig de la Hoya vorbehalten. Die Runden sind spannend, eng und von Taktik geprägt. In der sechsten Runde Dramatik pur, beide Boxer müssen nach linken Haken ihres Gegners kurz zu Boden.

Das Programmheft zeigt zwei besonnene Kämpfer (Archiv)

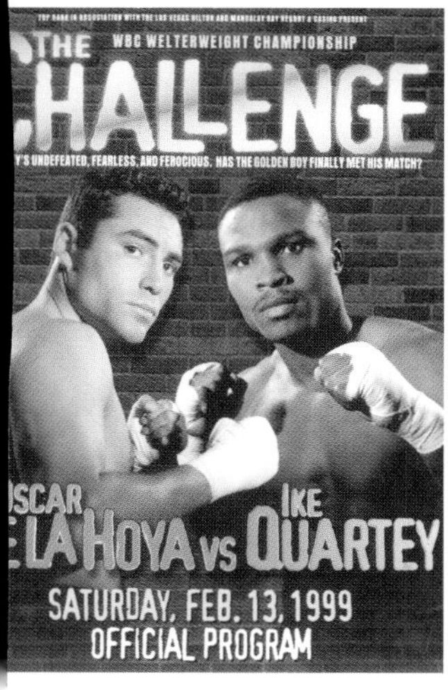

Nach Runde elf ist der Kampf immer noch offen. Die letzte Runde wird entscheiden. Wer diesen Durchgang siegreich durchsteht, wird auch den Kampf gewinnen. Nochmals gilt es also, die letzten Kräfte zu mobilisieren, und das gelingt de la Hoya besser. Nach wenigen Sekunden springt er nach vorne und schlägt erneut einen schweren linken Haken. Die Faust kracht an das Kinn von Quartey, der sofort zu Boden geht.

Ein Niederschlag in der alles entscheidenden Runde, besser kann es gar nicht laufen. Quartey wird angezählt, dann der Kampf wieder freigegeben. De la Hoya könnte auf Sicherheit boxen, die Runde routiniert nach Hause bringen und sich feiern lassen. Aber er will mehr. In der ersten Reihe läuft Vater de la Hoya unruhig auf und ab und gestikuliert wild mit seinen Armen. »Geh nach vorne, du schlägst ihn k.o.« soll das wohl heißen, und der Sohn versteht die Nachricht. Er tänzelt einmal kurz auf den Zehenspitzen und bläst dann erneut zum Angriff. Quartey mit dem Rücken zum Ringseil blockt alle Schläge mit dem Kopf ab.

Der linke Haken trifft wieder und wieder. Doch so hart wie das Kinn von Quartey ist, so fest werden nun auch die Muskeln von de la Hoya. Er schlägt nicht mehr richtig, schiebt die Hände nur noch und ist völlig erschöpft. Quartey hat das Trommelfeuer seines Gegners tatsächlich überstanden. Zwei müde Krieger wollen endlich den Schlussgong hören. Am Ende jubelt de la Hoya, und auch bei der Siegerehrung kann er lächeln. Denkbar knapp, mit 2:1 Punktrichterstimmen, gewinnt Oscar, behält seinen Titel und erreicht einen richtungsweisenden Erfolg.

Nach zwei folgenden Niederlagen (gegen Felix Trinidat und Shane Mosley) zwang sich de la Hoya wieder auf den richtigen Kurs: Er schlug im Juni 2001 Javier Castillejo, den spanischen WBC-Weltmeister im Superweltergewicht. Damit gelang de la Hoya das Kunststück, Weltmeisterschaften in fünf verschiedenen Gewichtsklassen - vom Juniorleichtgewicht bis zum Superweltergewicht - gewinnen zu können. Das haben außer ihm nur Sugar Ray Leonard und Thomas Hearns geschafft.

Doch das Ziel von de la Hoya sieht ihn alleine auf dem Olymp, denn er will der Erste und Einzige werden, der Titel in sechs oder gar sieben Gewichtsklassen gewinnt. Nach seiner Karriere will er dann Architektur studieren, um sich den Traum vom selbst entworfenen Anwesen erfüllen zu können. Den Traum seines Vaters hat er schon verwirklicht.

Register